# BEI GRIN MACHT SICH IHR WISSEN BEZAHLT

- Wir veröffentlichen Ihre Hausarbeit, Bachelor- und Masterarbeit

- Ihr eigenes eBook und Buch - weltweit in allen wichtigen Shops

- Verdienen Sie an jedem Verkauf

Jetzt bei www.GRIN.com hochladen und kostenlos publizieren

GRIN

**Bibliografische Information der Deutschen Nationalbibliothek:**

Die Deutsche Bibliothek verzeichnet diese Publikation in der Deutschen National-
bibliografie; detaillierte bibliografische Daten sind im Internet über http://dnb.d-
nb.de/ abrufbar.

**Impressum:**

Copyright © 2006 GRIN Verlag, Open Publishing GmbH
Druck und Bindung: Books on Demand GmbH, Norderstedt Germany
ISBN: 978-3-668-13939-8

**Dieses Buch bei GRIN:**

http://www.grin.com/de/e-book/282263/einfuehrung-in-die-erziehungswissenschaft-
geschichte-schwerpunkte-methoden

Klaus Bäcker

# Einführung in die Erziehungswissenschaft: Geschichte, Schwerpunkte, Methoden

GRIN Verlag

**GRIN - Your knowledge has value**

Der GRIN Verlag publiziert seit 1998 wissenschaftliche Arbeiten von Studenten, Hochschullehrern und anderen Akademikern als eBook und gedrucktes Buch. Die Verlagswebsite www.grin.com ist die ideale Plattform zur Veröffentlichung von Hausarbeiten, Abschlussarbeiten, wissenschaftlichen Aufsätzen, Dissertationen und Fachbüchern.

**Besuchen Sie uns im Internet:**

http://www.grin.com/

http://www.facebook.com/grincom

http://www.twitter.com/grin_com

# Einführung in die Erziehungswissenschaft

## Geschichte, Schwerpunkte, Methoden

Klaus Bäcker

# Inhaltsverzeichnis

# 1 Einleitung und Definition

Die vom Brockhaus Lexikon angebotene Definition von Erziehungswissenschaft reicht auf Grund der Kürze lediglich zum Einstieg in die Thematik: *"Erziehungs-wissenschaft, Teilbereich der Pädagogik, der sich mit der Erforschung der mit Erziehung und Bildung zusammenhängenden Prozesse, Institutionen und deren historisch-gesellschaftlichen Kontext beschäftigt."*

Doch sie gibt auch das Stichwort der Verbindung zwischen der Erziehungswis-senschaft und der Pädagogik. Um die Entwicklung der Erziehungswissenschaft im weiteren Verlauf des Abschnittes besser erfassen zu können, ist der zunächst fol-gende Umweg über die geschichtliche Entwicklung der Pädagogik hilfreich.

# 2 Die Geschichte der Pädagogik als Entwicklungsgeschichte der Erziehungswissenschaft

Die Bildung und damit verbundene theoretische Entwicklung und Bildungspolitik war durchgängig eine der elementarsten Grundbestandteile und Entwicklungs-punkte der Pädagogik.

Die Geschichte der Pädagogik geht wie die meisten Wissenschaften auf Wurzeln in der griechischen Antike zurück. Dort entstand die Idee der Bildung als Vorbe-reitung für das gesellschaftliche Leben in den Stadtstaaten. Bildung war in diesem Zusammenhang immer gleichzusetzen mit politischer Bildung und gesellschafts-relevanten philosophischen Ansätzen. Ihre Fortsetzung fand die geschichtliche Entwicklung der Pädagogik in der römischen Verschmelzung des griechischen Erbes mit den Idealen des virtus (= Tugend) durch **Cicero**. In der römischen Ge-sellschaft wurde die Pädagogik zur Vermittlung elementarer Schreib- und Les-ekenntnisse, Grammatik und Rhetorikkünste in Verbindung mit gesellschaftlichen Primärtugenden für Kinder der Oberschicht genutzt.

Der nächste größere Entwicklungsschritt vollzog sich in der Entstehung des mit-telalterlichen Bildungssystems, in dem vorrangig neben den adeligen Kindern der kirchliche Nachwuchs in den sieben freien Künsten (Grammatik, Rhetorik, Dia-lektik, Arithmetik, Geometrie, Musik und Astronomie) unterrichtet wurde.

Betrachtet man das Mittelalter jedoch genauer, so gab es dort keine pädagogischen Einrichtungen im eigentlichen Sinne. Die Jugend der Landbevölkerung wuchs durch „mit-tun" in ihre Gesellschaft, während die Handwerker durch ihre Zunftzugehörigkeit in der jeweiligen Handwerkskunst ausgebildet wurden. Ein erster wirklicher pädagogischer Umbruch wurde erst durch den zunehmenden Handel der Kaufleute des 13.Jahrhunderts ausgelöst, der überwiegend schriftlich abgewickelt wurde. Doch diese Entwicklung erfolgte in vergleichsweise langsamen Schritten. Erst im 15. – 16. Jahrhundert wurden die von **Martin Luther** **(1483 - 1546)** geforderten „Volksschulen" gegründet, zu denen jeder Zugang haben sollte (vgl. GUDJONS 2003, S. 76).

GUDJONS betrachtet den weiteren Weg der Pädagogik epochal, so ergeben sich folgende Weiterentwicklungsschritte:

1. **Epoche:** „Umbruch vom Mittelalter zur Moderne"
Dieser Umbruch vollzog sich im 17. Jahrhundert durch die fortschreitende Entwicklung zur Aufklärung. **Comenius** entwirft die Pansophie und stellt damit den Gesamtzusammenhang der Wissenschaften her, die zugleich Gottes- und Welterkenntnis vereinen und allen Menschen durch „gründliche Lehren" zugänglich gemacht werden sollen. In diesem Rahmen entsteht Comenius Programm für ein gestaffeltes Schulsystem, mit einer Mutterschule, einer Grundschule, einer Lateinschule und der Universität.

2. **Epoche:** Die Aufklärung und das „pädagogische Jahrhundert"
Der Zeitraum zwischen dem 17. und dem 18. Jahrhundert sind geprägt durch die Folgen der Aufklärung beginnend im 17. Jahrhundert und werden auch als pädagogisches Jahrhundert bezeichnet. Wie in vielen geisteswissenschaftlichen Bereichen entwickelte sich auch in der Pädagogik eine Vielzahl von Strömungen von denen hier nur einige stellvertretend und kurz erwähnt werden können.
Vordenker wie John Locke und Immanuel Kant versuchen die Menschen an der Aufklärung des Verstandes teilhaben zu lassen. Beide verfolgen jeweils in ihren Utopien und ihrer Zeit das Ziel den Menschen über die Verstandes- und die sittliche Bildung in ein „paradiesisches Reich der Glückseligkeit und Freiheit" zu führen.

**John Locke (1632 - 1704)** will den menschlichen Geist nach einem Zustand des tabula rasa von außen mit Wissen, Verstand und sittlichen Normen füllen. Er will in diesem Sinne alle Stände in gleicher Weise erziehen.

**Immanuel Kant (1724 - 1804)** sieht in der Aufklärung den Ausgang des Menschen aus „seiner selbstverschuldeten Unmündigkeit" (KANT 1968, S. 53 in GUDJONS 2003, S. 80). Kant ist einer der überzeugtesten Vertreter des Wahlspruches der Aufklärung: „Habe den Mut, dich deines eigenen Verstandes zu bedienen", dessen Berücksichtigung das Vertrauen in die Kraft der menschlichen Vernunft und deren Sieg über das Bedürfnis nach Anleitung durch Traditionen und Autoritäten bewirken soll. Mit dieser Betonung des eigenen Denkens ist Kant einer der bedeutendsten Vertreter einer der beiden großen Linien der Aufklärung. Auf die durch die Philantropen vertretene zweite Linie der Vermittlung von Wissen und Belehrung wird im Folgenden noch eingegangen.

Gemäß **Max Weber** brachte die Aufklärung drei grundlegende Systeme als Innovationen hervor:

1. *Das kulturelle System* moderner Wissenschaften, der Erziehung und der Bildung
2. *Das politisch- administrative System* mit den zentralisierten politischen Institutionen des modernen Verfassungsstaates
3. *Das ökonomische System* mit der beginnenden kapitalistischen Marktwirtschaft

Nach Webers Einschätzung entwickelte sich die Gesellschaft zu einer Lerngemeinschaft, in der die Erziehung einen unwiderruflichen Bestandteil der Moderne bildet. Die Industrialisierung mit ihren Nebenwirkungen sieht Weber hierbei zunehmend als negative Auswirkung. Wie Weber später, beschäftigen sich in den folgenden Jahrzehnten viele bekannte Vordenker auf unterschiedliche Weise mit diesem gesellschaftlichen Phänomen und verbinden oder vermeiden es in ihren pädagogischen Theorien, Umsetzungen oder den zugrundeliegenden Menschenbildern. Auch in diesem Zusammenhang seien nur einige kurz erwähnt:

**Jean-Jaques Rousseau (1712 - 1778)** gilt zugleich als Repräsentant und Überwinder der Aufklärung. Seine Grundthese: „Der Mensch ist von Natur aus gut, allein die Institutionen machen ihn böse" (ROUSSEAU 1762 in GUDJONS 2003, S. 83) bilden die Grundlage für seine Forderung nach einer Erziehung, die der natürlichen Entwicklung und dem Gang der Natur folgt. Der Erzieher ist in diesem Zusammenhang der Stellvertreter der Natur und des „allgemeinen Willens".

Die **Philantropen** wurden gebildet von einer Gruppe Pädagogen, die zwischen 1750 und 1800 großen Einfluss auf die Entwicklung der pädagogischen Theorie und das Schulwesen hatten. Ihre führenden Vertreter waren u. a. **Y. B. Basedow** (1724 – 170), **J. H. Campe** (1746 – 1818), **C. G. Salzmann** (1744 – 1811)**, F. E. Rochow** (1734 – 1805). Sie galten lange Zeit als besonders menschenfreundlich und erstrebten, beeinflusst durch **Rousseau**, den religiös aufgeklärten, sittlichen, wirtschaftlichen und vernünftigen Menschen. Kritisch betrachtet muss jedoch die Frage gestellt werden, ob bei dieser Pädagogik der „aufgeklärte" Mensch und das Ziel der Ausbildung aller menschlichen Kräfte nicht doch nur auf seine wirtschaftliche Brauchbarkeit und damit auf den „homo oeconomicus" zusammenschrumpft.

Die **Industrieschulen** lassen sich dieser Zweckausrichtung noch eindeutiger zuordnen. Die Gründung der Industrieschulen erfolgte zu dem Zweck, die Kinderarbeit mit einer Form von Elementarschulunterricht zu verbinden. Dominierendes Bildungsideal war die Erreichung der „Industriosität" mit Eigenschaften wie Emsigkeit, Produktivsein, Fleiß, Erfindungsgabe, Geschichte und Sparsamkeit. Diese Eigenschaften entsprachen den Fähigkeiten die als Ideal für das Bürgertum, die Bauern und landlose „Arme" galten.

Aus dieser Zeit entwickelte sich aber auch eine Form der Pädagogik die das Merkmal „menschenfreundlich" tatsächlich verdient.

**Johann Heinrich Pestalozzi (1746 - 1827)** entwickelte sich zu einem Volkspädagogen und Philosophen. Er gründete eine Schule in der er arme Kinder aufnahm und unterrichtete. Sein zentrales Anliegen war es die allgemeine Menschenbildung über alle Berufs- und Standesbildung zu stellen. Seinem Menschenbild entsprechend, durchlaufen Menschen drei Zustände der Menschseinsentwicklung, die zugleich die drei Schichten jedes Menschen darstellen.

- Den tierischen Zustand

- Den gesellschaftlichen Zustand

- Den sittlichen Zustand

Seine Ideologie fußte auf der persönlichen Erkenntnis, dass menschliches Leben sich ohne Erziehung nicht vollenden kann.


**3. Epoche:** Die deutsche Klassik – Erziehung und Bildung in der entstehenden bürgerlichen Gesellschaft (1800 - 1900)

Die dritte Epoche der Pädagogikentwicklung ist geprägt durch die zunehmenden, kulturellen Einflüsse des entstehenden Bürgertums und ihrer bekannten Pädagogen.

**Schleiermacher** mit der Betonung des Denkens in Gegensätzen sieht Erziehung als individuelle und universelle Aufgabe mit der Aufgabe der Kulturerhaltung und –verbesserung.

**Fröbels (1826)** sieht das Kind als unverstelltes Wesen und entwickelt auf dieser Basis die Vorschulpädagogik.

**Herder** entwickelt seinen anthropologischen Entwurf des Menschen als erstem „Freigelassenen der Natur" verbunden mit der Freiheit und Verantwortung des Menschen.

**Condorcet** entwirft ein erstes Gesamtschulkonzept.

**Wilhelm von Humboldt (1767 - 1835)** entwickelt als Vertreter des Neuhumanismus eine Strukturreform des preußischen Schul- und Universitätswesens, dass Deutschland lange Zeit einen Vorsprung als Kulturnation vor seinen Nachbarländern schenkte. Seine Auseinandersetzung mit dem Bildungssystem basierte auf einer kritischen Auseinandersetzung mit der gesellschaftlichen Situation und damit den Rahmenbedingungen von Bildung und Erziehung.


**4. Epoche** Der Protest – Die Reformpädagogik (1900 - 1933)

Die Epoche der Reformpädagogik stellt ein nationales und internationales Phänomen der theoretischen Uneinheitlichkeit dar. Sie ist gekennzeichnet von sehr heterogenen pädagogischen und politischen Strömungen, u. a. ausgelöst durch die Kriegserfahrungen und die damit verbundene tiefe Erschütterung und Ernüchterung des (Kultur-) Bürgertums. In ihrem Rahmen entwickelten sich Strömungen bekannter Kulturkritiker wie **J. Langbehn** mit seiner Kritik am Verfall von Bildung, Kunst und Kultur und **F. Nietzsche** dessen Kritik am Historismus der Bildung in eine destruktive Moralkritik mündete. Parallel erstarkten soziale, sozialpolitische und sozialpädagogische Strömungen, in deren Feld u. a. die Frauenbewegung mit **H. Lange** und **G. Bäumer** für das aktive und passive Wahlrecht der Frauen kämpften, in dem sie für das Thema sensibilisierten und mobilisierten.

Neben dieser sehr politischen Bewegung entwickelten sich aber auch sehr „unpolitische" Jugendbewegungen mit Inhalten wie Naturverbundenheit.

Ohne damit eine Gewichtung oder Bewertung  vornehmen zu wollen, wurden stellvertretend für die Vielzahl der pädagogischen Richtungen dieser Epoche folgende Vertreter stichwortartig erwähnt:

**Ellen Key** mit ihrer Forderung umfassend und radikal aus der Sicht des Kindes zu denken und damit ein „Jahrhundert des Kindes" zu beginnen.

**B. Otto** dem die Einführung der Hauslehrerschule zugerechnet wird.

**P. Oestreicher** mit seiner Idee der „Elastischen Einheitsschule".

**G. Kerschensteiner** entwarf mit seiner Idee der Schule der Selbsttätigkeit und Arbeitsschule, die das Ziel der Charakterformung durch Selbstüberwindung und Ausdauer bei der Arbeit proklamierte, die Grundlage für die ersten Berufsschulen.


**5. Epoche:**  Nationalsozialismus (1933 - 1945)

Die sachliche Beschreibung der Pädagogik im Nationalsozialismus, muss eigentlich jedem demokratischen Pädagogen schwer fallen. Es drängt sich sofort die Frage auf: Kann man Grundsätze des Nationalsozialismus als „pädagogisch" bezeichnen? Dennoch haben auch in dieser Epoche „nazifizierte" Pädagogen ebenso wie die Gruppe der „schweigenden Anderen" ihre pädagogischen Fähigkeiten eingebracht in die bildungspolitischen Anforderungen der sie umgebenden gesellschaftlichen und politischen Struktur.

*„In der bildungspolitischen Praxis konzentrierte sich der vor allem auf vier Schwerpunkte.*

1. *Das Schulwesen wurde inhaltlich und organisatorisch vereinheitlicht.*
2. *Eingliederung der Jugend in Parteiverbände, um deren Bindung an den Führerstaat und deren politische Erziehung unabhängig von Schule und Elternhaus zu betreiben.*
3. *Negative Selektion „rassistisch minderwertiger" und positive Selektion befähigter deutscher Kinder.*
4. *Aufbau eines Systems von außerschulischen Fort- und Ausbildungsstätten für Partei- und Beamtennachwuchs."* (GUDJONS 2003, S. 104)

Nachvollziehbarerweise entstanden in dieser Zeit keine innovativen pädagogischen Konzepte, Theorien und Strömungen.

Nach 1945 wurde die Möglichkeit einer grundsätzlichen Neuorientierung und Aufarbeitung des Faschismus nur sehr zögerlich genutzt.

*„Die Chance einer grundlegenden Neugestaltung des Schul- und Bildungswesens (selbst angesichts des massiven Drucks der Amerikaner in Richtung eines Einheitsschulwesens) wurde verpasst. Stattdessen wurde punktuell und ohne Konzept an Einzelheiten der Reformpädagogik angeknüpft."* (GUDJONS 2003 S 105)

Die weitere geschichtliche Entwicklung fasst GUDJONS im Folgenden kurz und prägnant zusammen:

*„Die 50er Jahre gelten allgemein als Epoche einer generellen Restauration (Arbeitsgruppe ...1994), d. h. der Wiederherstellung traditioneller Bildungsstrukturen auf ganzer Linie.*

*Erst in den 60er und vor allem 70er Jahren kommt es zu einem erheblichen „Modernisierungsschub": Kritik herkömmlicher Bildungseinrichtungen von der Schule bis zur Hochschule setzt ein (bei der feierlichen Immatrikulation von Studierenden durch die in Roben einmarschierenden Professoren wurde 1968 in Hamburg das berühmte Schock-Transparent enthüllt: „Unter den Talaren – Muff von tausend Jahren") Die allgemeine Reformwelle erfasst auch die Schulen, den Lehrplan und die Unterrichtsgestaltung.*

*Die 80er Jahre bringen aufgrund der Finanzsituation („Diktat leerer Kassen") u. a. den totalen Einstellungsstopp von Pädagogen, ein weiteres Abebben der Berufsverbote wegen der Zugehörigkeit zu verfassungsfeindlichen Organisationen (z. B. der heute längst vergessenen DKP), den Kampf um die Erhaltung der wenigen bildungspolitischen Reformen.*

*Die 90er Jahre schließlich kann man als „Ökonomisierung" des Bildungswesens bezeichnen: Effizienz, Standort Deutschland, Exzellenz, Kosten-Nutzen-Rechnungen u. a. m. sind Schlagworte, die „Bezahlbarkeit" und „maximale Optimierung" zu verbinden suchen."* (GUDJONS 2003, S. 106)

An dieser Stelle wird darauf hingewiesen, dass dem Verfasser bewusst ist, das der Exkurs in die Geschichte der Pädagogik sehr fragmentarisch dargestellt wurde. Der Sinn der Ausführung zur pädagogischen Entwicklungsgeschichte wird von Seiten des Verfassers in der Verdeutlichung der seit der Entwicklung der Pädagogik durchgängigen, grundsätzlichen Vielschichtigkeit und Verknüpfung von didaktisch pädagogischen Kompetenzen mit den politischen, gesellschaftlichen und wirtschaftlichen Rahmenbedingungen gesehen. Neben den gesellschaftsstabilisierenden, auf die gesellschaftlichen Anforderungen vorbereitenden und Herrschaftsinteressen exekutierenden Funktionen der Pädagogik, war sie immer auch mit der Berücksichtigung, Unterstützung und Optimierung der jeweiligen beruflichen und wirtschaftlichen Fortentwicklung befasst. Diese intensive Nähe zu den gerade aktuellen gesellschaftlichen Problemen und Anforderungen im Rahmen der konzeptionellen, theoretischen Entwicklung von Lösungen in Verbindung mit der besonderen Kenntnis der Adressaten pädagogischer Konzepte, machte die Pädagogik auch zu einer Schnittstelle mit gesellschaftskritischer Warnmelderfunktion und eine Entwicklungsstätte gesellschaftlicher Reformideen.

Um die eigentliche Zielsetzung der Arbeit nicht unbotmäßig zu überfrachten, endet diese geschichtliche Pädagogikdarstellung nach der 5.Epoche. Die Entwicklung der Nachkriegspädagogik wird im Rahmen der folgenden Abgrenzung zwischen Pädagogik und Erziehungswissenschaften gemeinsam behandelt und zu den Methoden erziehungswissenschaftlicher Analysen weiterführen.

# 3 Erziehungswissenschaftliche Schwerpunkte

Einen guten Einstieg in diesen Abschnitt ermöglicht H. GUGJONS „Pädagogisches Grundwissen", das mit folgendem Zitat die Einführung in die Vielschichtigkeit der Erziehungswissenschaft beginnt:

*„Ein bekannter Professor hat vor nicht sehr langer Zeit folgende Meinung über die Erziehungswissenschaft geäußert; er habe festgestellt: „Was sich heute wissenschaftliche Pädagogik nennt und auf pädagogischen Lehrstühlen gelehrt und verkündet wird ..., sei keineswegs die systematische Klärung der Wissensbestände über Erziehung; es sei eher ein buntscheckiges Gemisch von Moden, persönlichen Steckenpferden, humanitären Idealen und manchmal einem etwas blauäugigen politischen Engagement."* (BITTNER 1989, S. 215 f. in GUDJONS 2003, S.19)

Die Erziehungswissenschaft besteht heute aus einer Vielzahl von Einzeldisziplinen, die durch den gemeinsamen Namen verbunden sind. Es existiert ebenso wenig eine einheitliche Sicht über fundamentale Begriffe und Methoden der Erziehungswissenschaft wie ein daraus resultierendes Kernstudium (vgl. LENZEN 1989 in GUDJONS). Diese Multiplizität der Erziehungswissenschaft lässt sich mit verschiedenen Entwicklungsaspekten erklären.

Einerseits ist die Erziehungswissenschaft eine vergleichsweise junge Wissenschaft, die seit den 70er Jahren eine extreme Expansion erlebte. Von ihr erwartete die Gesellschaft die (Um-)Gestaltung des Bildungsbereiches auf Grund des gestiegenen Ausbildungsbedarfes und die Lösung der neuen pädagogischen Probleme ebenso, wie Antworten auf Fragen aus den unterschiedlichsten gesellschaftlichen Bereichen. In der erziehungswissenschaftlichen Theorie spricht man daher zunehmend von dem Problem der „Zersplitterung" oder auch „Entgrenzung der Pädagogik" auf welches an späterer Stelle der Arbeit noch Bezug genommen wird.

*„Pluralität, ja „Zersplitterung" kann aber auch gelesen werden als Anzeichen dafür, dass die Erziehungswissenschaft gleichsam seismographisch auf sich ständig wandelnde gesellschaftliche Problemlagen reagiert."* (GUDJONS 2003, S. 20)

Will man es positiv ausdrücken, so hat die Erziehungswissenschaft sich entsprechend der Komplexität ihres Gegenstandes entfaltet und als „normale Wissenschaft" etabliert.

„Bereits „Ende der 80er Jahre ist die Pädagogik eine stabile, ausdifferenzierte Disziplin, die alle äußeren Merkmale einer normalen Wissenschaft – wie spezialisierte Subdisziplinen, Wissenschaftsvereinigungen, Fachkommissionen, Zeitschriften und Tagungen – besitzt." (BAUMERT/ROEDER 1990, S.76 in GUDJONS 2003, S.21)

Die folgende Differenzierung zwischen Pädagogik und Erziehungswissenschaft gibt hier eine, das Verständnis der Entwicklung fördernde Information über die unterschiedliche Herkunft zweier Begriffe, die heute in der Praxis nahezu identisch verwendet werden.

„Allerdings muss man wissen, dass der Begriff Erziehungswissenschaft seit dem ersten Weltkrieg, verstärkt aber in den 60er und 70er Jahren dieses Jahrhunderts, ein „offensiver" Begriff war, der zugespitzt den Wissenschaftscharakter dieser Disziplin betonen wollte – gegenüber dem bis dahin vorwiegend gebrauchten Begriff der Pädagogik, der oftmals mit der Erziehungspraxis (bzw. einer „Ausbildung" für dieselbe) gleichgesetzt wurde. Mit dem Terminus Erziehungswissenschaft sollte ferner vor allem ihre eigene erfahrungswissenschaftliche Komponente betont werden, ebenso die enge Beziehung zu den empirischen Nachbarwissenschaften und auch die Pluralität wissenschaftlicher Konzeptionen, Forschungsmethoden und Denkansätze. – Freilich sieht man bereits an dieser Stelle, dass unter dem scheinbar harmlosen Begriffsgeplänkel eine Tretmine verborgen liegt, auf die man sehr schnell stößt, sobald man etwas tiefer gräbt: die Frage nach dem Verhältnis von wissenschaftlicher Theorie und pädagogischem Handeln, von Wissenschaft und Praxis – und damit die Frage nach dem Wissenschaftscharakter dieses Faches." (GUDJONS 2003, S.21)

Eine Übersicht über die strukturelle Vielschichtigkeit der Erziehungswissenschaft mit ihren Ebenen und Subdisziplinen bietet die folgende Abbildung 1.

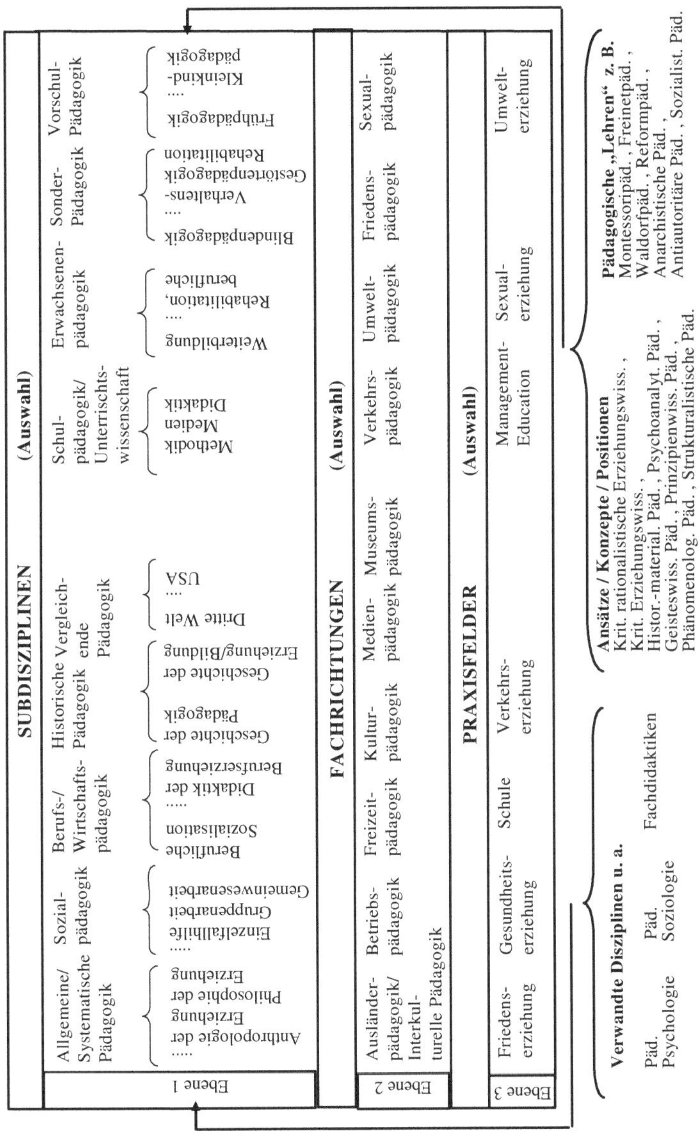

**SUBDISZIPLINEN** (Auswahl)

**Ebene 1**

- Allgemeine/ Systematische Pädagogik
  - Anthropologie der Erziehung
  - Philosophie der Erziehung
  - .....
- Sozial- pädagogik
  - Einzelfallhilfe
  - Gruppenarbeit
  - Gemeinwesenarbeit
- Berufs-/ Wirtschafts- pädagogik
  - Berufliche Sozialisation
  - .....
  - Didaktik der Berufserziehung
- Historische Pädagogik
  - Geschichte der Pädagogik
  - Geschichte der Erziehung/Bildung
- Vergleich ende Pädagogik
  - Dritte Welt
  - USA
  - .....
- Schul- pädagogik/ Unterrichts- wissenschaft
  - Methodik
  - Medien
  - Didaktik
- Erwachsenen- pädagogik
  - Weiterbildung
  - .....
  - Rehabilitation, berufliche
- Sonder- Pädagogik
  - Blindenpädagogik
  - .....
  - Verhaltens- Gestörtenpädagogik
  - Rehabilitation
- Vorschul- Pädagogik
  - Frühpädagogik
  - .....
  - Kleinkind- pädagogik

**FACHRICHTUNGEN** (Auswahl)

**Ebene 2**

- Ausländer- pädagogik/ Interkul- turelle Pädagogik
- Betriebs- pädagogik
- Freizeit- pädagogik
- Kultur- pädagogik
- Medien- pädagogik
- Museums- pädagogik
- Verkehrs- pädagogik
- Umwelt- pädagogik
- Friedens- pädagogik
- Sexual- pädagogik

**PRAXISFELDER** (Auswahl)

**Ebene 3**

- Friedens- erziehung
- Gesundheits- erziehung
- Schule
- Fachdidaktiken
- Verkehrs- erziehung
- Management- Education
- Sexual- erziehung
- Umwelt- erziehung

**Verwandte Disziplinen u. a.**

Päd. Psychologie  Päd. Soziologie

**Ansätze / Konzepte / Positionen**
Krit. rationalistische Erziehungswiss.,
Krit. Erziehungswiss.,
Histor.-material. Päd., Psychoanalyt. Päd.,
Geisteswiss. Päd., Prinzipienwiss. Päd.,
Phänomenolog. Päd., Strukturalistische Päd.

**Pädagogische „Lehren" z. B.**
Montessoripäd., Freinetpäd.,
Waldorfpäd., Reformpäd.,
Anarchistische Päd.,
Antiautoritäre Päd., Sozialist. Päd.

Abbildung 1: Struktur der Pädagogik (Quelle: in Anlehnung an LENZEN 1989, S. 114 f.).

LENZEN beschreibt mit seiner Abbildung sehr anschaulich die umfangreiche Anzahl theoretischer Ansätze der Pädagogik ebenso wie die unterschiedliche Entwicklung und praktische Festigung von Subdisziplinen.

Er differenziert hierbei drei Strukturebenen:

Die **erste Ebene** nennt die wichtigsten Teilgebiete der Pädagogik beginnend mit der „Allgemeinen/Systematischen Pädagogik" die sich mit dem Grundsätzlichen „…jedes pädagogischen Denkens, …" den „philosophischen und anthropologischen Voraussetzungen, also…" mit der generellen „Theorie der Erziehung und Bildung und ihrer Institutionen" befasst. Trotz der besonderen Relevanz dieser Ebene, durch die Entwicklung des „pädagogischen Grundgedankens" der für die erziehungswissenschaftliche Theorieentwicklung und Forschung in allen Handlungsfeldern pädagogischer Praxis die Basis darstellt, wird sie dennoch als Subdisziplin neben andere, gleichberechtigte Subdisziplinen dieser Ebene gestellt. Zu diesen Subdisziplinen zählen Berufs- und Wirtschaftspädagogik, Historische und (Länder-)Vergleichende Pädagogik, Schulpädagogik, Erwachsenenpädagogik sowie Sonderpädagogik und Vorschulpädagogik. Jede dieser Subdisziplinen schafft sich oder hat eine eigene Binnendifferenzierung ihrer Arbeitsbereiche geschaffen.

In der **zweiten Ebene** finden sich Fachrichtungen, die sich durch den Versuch einer Spezialisierung auszeichnen jedoch noch nicht den Stand einer eigenständigen Subdisziplin erreicht haben. An der unterschiedlichen gesellschaftlichen Relevanz und Bedeutung der verschiedenen Fachrichtungen, dass ihre Wichtigkeit und Bedeutung teilweise erheblichen konjunkturellen oder auch „Mode"-Schwankungen unterworfen sind.

Die **dritte Ebene** umfasst Praxisfelder wie zum Beispiel die Friedenserziehung, Gesundheitserziehung und Umwelterziehung, die ohne eine eigene Fachrichtung zu bilden zum Gegenstand erziehungswissenschaftlicher Forschung wurden.

Von diesen drei Ebenen grenzt Lenzen einerseits die so genannten „pädagogischen Lehren" (Beispiel: Montessori-Pädagogik, Waldorf-Pädagogik etc.) „die durch eine meist Gründerbezogene Doktrin zusammengehalten wird und dadurch verschiedene Praxisfelder beeinflussen, ab. Andererseits die wissenschaftlichen Ansätze, Konzepte und Positionen der Erziehungswissenschaft wie z. B. die drei

Hauptrichtungen, die geisteswissenschaftliche, die empirische und die kritische Erziehungswissenschaft.

Als kritische Anmerkung zu der Darstellung Lenzens merkt GUDJONS den fehlenden Verweis auf die so genannten Nachbarwissenschaften und die verwandten Disziplinen an.

*„Schließlich gibt es noch verwandte Disziplinen wie die Pädagogische Psychologie oder pädagogische Soziologie, die teilweise bei den ursprünglichen Fächern, teilweise in der Erziehungswissenschaft angesiedelt sind.- Worauf diese Skizze nicht ausdrücklich hinweist, ist die übliche Rede von den „Nachbarwissenschaften" der Pädagogik (also z. B. Philosophie, Soziologie und Psychologie, aber auch Biologie, Medizin u. a. m.), die früher arrogant als „Hilfswissenschaften" für die Pädagogik bezeichnet wurden. Erziehungswissenschaftliche Forschung und Theoriebildung sind heute ohne diese interdisziplinären Perspektiven nicht mehr denkbar."* (GUDJONS 2003, S. 24)

Zusammenfassend stellt GUDJONS fest*: „ Es gibt keine „verbindliche" Gliederung und Systematik der Erziehungswissenschaft, ..." „Insgesamt wird die Erziehungswissenschaft heute als integrierende Sozialwissenschaft verstanden, die auf Interdisziplinarität angelegt ist, auch wenn die Erziehungswissenschaft die Komplexität, Kontingenz (um nicht zu sagen Beliebigkeit) und die Vielfältigkeit ihres „Gegenstandes Erziehung" in der gesellschaftlichen Entwicklung betont – ja betonen muss"* (KRÜGER/RAUSCHENBACH 1994 in GUDJONS 2003, S. 25). *„Angesichts dieser Differenzierung und Vielfalt der Teilgebiete taucht heute verstärkt die Frage auf, was denn nun eigentlich der Gegenstand einer Wissenschaft sei, die sich „Erziehungs"wissenschaft nennt: Erziehung? Bildung? Sozialisation? Lernen? Lebensbegleitung? Unterstützung in verschiedenen Altersphasen? Das Generationsverhältnis? Oder alles zusammen?"* (GUDJONS 2003, S.25)

Durch die stetige Ausweitung der pädagogischen Berufsfelder in Bereiche von der Altenbildung über betriebliches Personalwesen, vom Redakteur im Kinderfernsehen über die Erwachsenenbildung zur betrieblichen Organisationsentwickler, Managementberater, Personalcoach bis hin zum Konzeptentwickler und Projektmanager im Non-Profit-Bereich drängt sich die Frage nach der Existenz „einer pädagogischen Identität" auf (vgl. GUDJONS 2003).

*„Es scheint eher so, dass pädagogische Berufe sich heute „entgrenzen", d. h. an ihren Rändern zahlreiche Überschneidungen mit anderen Berufen und Bezugswissenschaften aufweisen. Als mögliche Konsequenz für die Erziehungswissenschaft hat darum D. Lenzen (1997) vorgeschlagen, als Gegenstand und Aufgabe der Erziehungswissenschaft die „professionelle Lebensbegleitung" zu verstehen. Sie wird damit zur „Wissenschaft des Lebenslaufs und der Humanontogenese". Einerseits liegt in dieser umfassenden Neudefinition ihres Gegenstandbereiches eine sinnvolle Erweiterung, die der gegenwärtigen gesellschaftlichen Entwicklung Rechnung trägt."* (GUDJONS 2003, S. 26)

# 4 Methoden der Erziehungswissenschaft

## 4.1 Hermeneutisches Verstehen

Die hermeneutische Methode des Verstehens geht in ihren Ursprüngen zurück auf Schleiermacher 1768 - 1834). Hierbei stellt die Hermeneutik keine ausgefeilte Methode sondern eine Auslegungskunst des Verstehens dar.

*„Ursprünglich an sprachliche Dokumente gebunden, insbesondere an historisch-literarische Texte, bezieht die Hermeneutik (vor allem in der Pädagogik) „dann aber auch die Erziehungswirklichkeit mit ihren aktuellen Problemen" (Wulf 1983, S. 27) ein. Doch bis in die Gegenwart hinein gilt leider: Diese Hermeneutik „war meist zu einem intuitiven feinschmeckerischen Wiederkäuen von Klassikertexten heruntergekommen"(HURRELMANN, zit. LENZEN 1984, S. 18). Doch das Verstehen ist derzeit nicht nur wieder hochaktuell, sondern auch eine so grundlegende Methode, dass sich ein kurzer Blick auf ihre wesentlichen Merkmale in jedem Fall lohnt (KÖNIG/ZEDLER 1983, S. 75 ff., TERHARD 1987; RITTELMEYER/PARMENTIER 2001 – mit zahlreichen Beispielen)."* (GUDJONS 2003, S.57)

Den wesentlichen Unterschied zum naturwissenschaftlichen Erklären stellt der Bezug des Verstehens zum Erkennen und Erfassen der Bedeutung, sowohl im Sinne von psychologischem Sich-Einfühlen als auch des Sinn-Verstehens von menschlichen Lebensäußerungen in allen möglichen Ausformungen.

Dabei gilt eine Grundvoraussetzung (vgl. Abbildung 2):

*„Indem wir von diesem Vorverständnis her einen Text (oder eine Szene) nachvoll-ziehen, erweitert sich unsere (Er-) Kenntnis, mit dieser gehen wir an einen andern Text heran (oder an denselben), wir bewegen uns im Grunde in einer Art Kreis oder Spirale: dem hermeneutischen Zirkel."* (GUDJONS 2003, S.57)

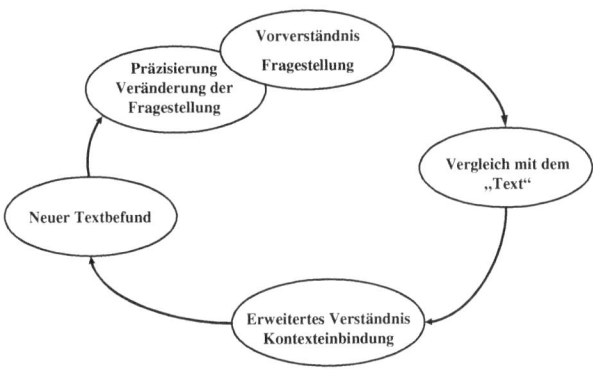

Abbildung 2: Hermeneutischer Zirkel (Quelle: ROTH 1991, S. 38).

*„Das eine vom andern her zu verstehen, sei es den Text vom Vorverständnis her oder die Einzelheit aus dem Ganzen oder das Ganze von den Einzelelementen her, das meint die Figur des „hermeneutischen Zirkels". Es gibt sich als Konsequenz: Hermeneutisches Verstehen ist nie abgeschlossen, denn das „Verstehen als Ziel hermeneutischer Bemühung hat nicht Produkt-, sondern Prozesscharakter."* (ROTH 1991, S. 38)

Die klassische Hermeneutik hat eine Vielzahl von zum Teil akribischen Regeln zur Erfassung und Erarbeitung von Texten hervorgebracht. Interessanter in Zusammenarbeit mit der in dieser Arbeit bearbeiteten Thematik ist jedoch die in neueren Arbeiten zur Hermeneutik ausgeweiteten Bezugspunkten über Texte hinaus zu Dingen, Personen, Handlungen, Organisationen, Strukturen etc. (vgl. GUDJONS 2003, S. 59).

Damit ist und bleibt die Methode des Verstehens eine umfassend einsetzbare, fruchtbare Analysemethode in allen Handlungsfeldern der Erziehungswissenschaft. Sie fließt gewollt oder ungewollt in alle geisteswissenschaftlichen Arbeiten ein. Bei allen positiven Aspekten des „methodischen Verstehens" ist jedoch wesentlich, das auch die Hermeneutik Grenzen hat, die in wissenschaftlichen Arbeiten nicht unbeachtet bleiben dürfen.

- *„Das Verstehen sei spekulativ, subjektiv, unexakt, willkürlich, empirisch nicht nachprüfbar. Trotz gewisser Regeln seien völlig unterschiedliche Deutungen möglich. Verstehen sei eine Methode der Intuition (wie man es Dilthey vorgeworfen hat).*
- *Grundsätzlich ist das Verstehen auf etwas Vorgegebenes angewiesen, das ausgelegt werden soll. Daraus hat man der Hermeneutik den Vorwurf gemacht, sie könne von sich aus nicht produktiv werden, sondern sei traditionalistisch bis konservativ, denn sie setze Tradition immer schon als gegeben (und sinnvoll) voraus.*
- *Angesichts der Komplexität moderner Gesellschaften und angesichts der Notwendigkeit, den Makrobereich von Erziehung und Bildung zu analysieren uns zu planen (Schulentwicklung, Bildungsplanung), gerät die Hermeneutik vollends an ihre Grenzen, weil sie schlechterdings keine quantitativen Instrumente dafür bereitstellen kann. Dazu bedarf es weiterer (empirischer Anm. des Verfassers) Methoden."* (GUDJONS 2003, S. 60)

## 4.2  Empirische Methoden

**Grundsätzlich**

*„Die Methoden der empirischen Datenerhebung haben die Funktion, Ausschnitte der Realität, die in einer Untersuchung interessieren, möglichst genau zu beschreiben oder abzubilden. Im Vordergrund bei den so genannten quantitativen Methoden steht die Frage, wie die zu erhebenden Merkmale operationalisiert bzw. quantifiziert werden sollen."* (BORTZ/DÖRING 2005, S.137)

Generell muss hier bei den empirischen Forschungsmethoden unterschieden werden zwischen Verfahren in denen ein Forschungsarrangement in Form eines Experimentes entwickelt wird (z. B. der Planung einer Längsschnittuntersuchung über mehrere Jahre), Datenerhebungsverfahren (z. B. Beobachtung, Befragung,

Test) und Datenanalyseverfahren (z. B. Statistik, Zählen, Urteilen, Auswerten) (vgl. GUDJONS, 2003, S. 60).

Stellvertretend für die Gesamtheit der empirischen Methoden werden die folgenden kurz dargestellt.

**Experiment**

In der klassischen Form des Experimentes (in der empirischen Sozialforschung heute weniger verwendet) geht es um die planmäßige Veränderung einer oder auch mehrerer Variablen und um deren Wirkungskontrolle.

Betrachtet man Experimentabläufe oberflächlich, so laufen sie grundsätzlich nach dem vergleichbaren Schema der Abfolge von Vortest-Nachtest-Kontrollgruppen-Plan ab und werden sinnvoller Weise ergänzt durch die Ausarbeitung und Vermeidung möglicher Fehlerquellen.

Grundsätzlich lassen sich hier das künstliche Laborexperiment mit der Problematik der Ergebnisübertragbarkeit in die Praxis und das Feldexperiment mit der höheren Praxisrelevanz aber auch der höheren Fehlerquote auf Grund der unüberschaubaren Vielzahl möglicher Fehlerquellen, unterscheiden. (vgl. GUDJONS 2003, S. 61).

**Beobachtung**

*„Die Beobachtung macht gegenwärtig rund zehn Prozent der empirischen Sozialforschung aus (Kuckartz 1994, 555) Unterschieden wird zwischen teilnehmender und nicht-teilnehmender Beobachtung. ... Außerdem kann Beobachtung unter künstlichen Bedingungen stattfinden (z. B. hat man absichtlich einen genau geplanten Konflikt arrangiert) oder in natürlichen Situationen. Beobachtung kann ferner unsystematisch erfolgen (z. B. bei einer Hospitation) oder systematisch mit einem definierten Kategoriensystem."* (GUDJONS 2003, S.62)

Grundsätzlich ist bei jeder wissenschaftlichen Beobachtung zu beachten, dass Beobachtung immer selektiv geschieht und das Objekt der Beobachtung objektiv beobachtbar und beschreibbar sein muss. Gefühle und Handlungsintentionen sind nur indirekt erschließ- und interpretierbar. Hier wird also in der wissenschaftlichen Beobachtung zwischen deskriptiven und interpretativen Kategorien unterschieden.

## Befragung

Der Begriff Befragung steht für eine Vielzahl unterschiedlicher Techniken die nach KUCKARTZ (1994) in rund 50 % der empirischen Untersuchungen umfassen (vgl. GUDJONS 2003, S.63). Die Bandbreite dieses Sammelbegriffes reicht von der mündlichen Befragung in Form von Interviews und Tiefeninterviews über schriftliche Befragungen zumeist durch Fragebögen bis zu Gruppendiskussionen. Alle diese Verfahren haben die primäre Zielsetzung der Meinungsermittlung.

Zu diesem Zweck gliedert sich „die Befragung" in eine Vielzahl unterschiedlicher Formen und Verfahren, die im folgenden erwähnt aber nicht näher erläutert werden. Zu unterscheiden sind Interviews in ungelenkter Form (z. B. narrative Interviews), in standardisierter Form (mit vorformulierten Fragen), mit geschlossenen Fragen, in Multiple-choise-Verfahren oder Rating-Verfahren um nur einige der vielen Varianten erwähnt zu haben.

Über die grundsätzliche Befragungsform hinaus ist in der Entwicklung und beim Aufbau der Befragung die Zielperson(en) und deren Befinden zu berücksichtigen.

*„Beachtet werden muss im Aufbau eines Fragebogens aber auch die Ermüdungstendenz des Beantworters, seine Neigung, Extreme zu vermeiden und die Mittelkategorie anzukreuzen, seine Tendenz zur sozialen Erwünschtheit von Antworten u. v. a. Die Methodologie dieses Verfahrens hat sich inzwischen so ausgeweitet und perfektioniert, dass Sozialwissenschaftler von einer eigenen „Lehre von der Frage" sprechen (FRIEDRICHS 1973). Im Unterschied zur Beobachtung, die direkt beim Handeln ansetzt, nötigt die Befragung den Befragten notwendigerweise zu einer reflektierenden Distanzierung von der Praxis seines Handelns. Man erhält also Berichte aus der Perspektive der Betroffenen über deren Praxis, ohne die Praxis selbst erfassen zu können."* (GUDJONS 2003, S. 63)

## Test

*„Auch die Instrumente, die z.B. in der Pädagogischen Diagnostik unter dem Begriff Test zusammengefasst werden, sind inzwischen in einer kaum noch über-*

*schaubaren Fülle von Literatur dargestellt worden (Lienert 1969, Ingenkamp 1972). Der Test liegt nicht selten im Schnittfeld von pädagogischer Intervention und wissenschaftlicher Forschung. ... Tests gelten als wissenschaftliches Routineverfahren, mit dem empirisch abgrenzbare Persönlichkeitsmerkmale untersucht werden mit dem Ziel einer möglichst quantitativen Aussage über den Grad der individuellen Merkmalsausprägung (Lienert 1969)."* (GUDJONS 2003, S. 64)

Tests können entweder normorientiert oder kriteriumorientiert ausgerichtet sein, müssen jedoch grundsätzlich die drei klassischen Gütekriterien Objektivität, Validität (Gültigkeit) und Reliabilität (Zuverlässigkeit) erfüllen.

**Zusammenfassung**

Trotz der besonderen Relevanz von empirischen Daten zur Untermauerung wissenschaftlicher Erkenntnisse darf in diesem Zusammenhang nicht versäumt werden, auf die Grenzen und Probleme der quantitativen Forschungsmethoden hinzuweisen.

*„Der berühmte Soziologe Karl Mannheim (1893 - 1947) soll darauf aufmerksam gemacht haben, dass man die Genauigkeit eines Forschungsergebnisses nicht mit seiner wirklichen Bedeutung verwechseln dürfe. Jede Standardisierung des Umfeldes, die um der Exaktheit und Kontrollierbarkeit willen nötig ist, führt nämlich unweigerlich zu einer Reduktion der Erkenntnismöglichkeiten (Reduktionismusvorwurf)."* (GUDJONS 2003, S.65)

Diese Sichtweise findet sich deutlicher noch bei Erziehungswissenschaftlern wie **Habermas 1971** und **Lenzen 1989**, die jene von **H. Roth 1962** eingeläutete „realistische Wende" der Erziehungswissenschaft mit der folgenden Blütezeit der quantitativen Forschung kritisch betrachteten und deren Unbrauchbarkeit für die Praxis sowie ihr absehbares Ende erklärten.

*„Die strenge Empirie erwies sich als „Zwangsjacke", denn die quantitative Datenauswertung zeigte sich eher als Hemmnis für einen differenzierten Einblick in die Erziehungswirklichkeit, die stark von Wechselwirkungen, Interaktionen und vor allem Widersprüchen bestimmt wird."* (GUDJONS 2003, S. 65)

Dies führte zu einer Verschiebung der Gewichtung von den klassisch quantitativen Verfahren zu den qualitativen und hermeneutisch-interpretativen Verfahren, die im folgenden Abschnitt näher beschrieben werden.

## 4.3 Qualitative Forschungsmethoden

Qualitative Forschungsmethoden stellen in der Praxis heute eher eine integrative Forschungsform mit den Elementen der beiden vorangestellten Methoden dar. Zum Teil bieten sie aber auch durch die Verwendung einer eigenen Fachterminologie und anderer Paradigmen, eine konträr zu diesen alten Elementen eigenständig sich weiterentwickelnde wissenschaftliche Forschungsmethode.

Erste Entwicklungsschritte kündigten sich bereits bei der Entstehung der Handlungsforschung in den 70er Jahren ab, durch die Ziele und Verwertungszusammenhänge ebenso wie die Rolle des Forschers neu definiert wurden. Die Handlungs- (oder auch Aktions-)forschung versteht sich als eine direkt in die Praxis eingreifende Forschungsmethode.

*„Das bedeutet vor allem eine veränderte Beziehung zwischen Forschern und Praktikern: Beide sind - idealtypisch gesehen - gleichberechtigt, während des Forschungsprozesses besteht kein Subjekt-Objekt-Verhältnis (zwischen Forschendem und „Erforschtem"), sondern eine Subjekt-Subjekt-Beziehung. Damit soll Forschung für beide zur Selbstaufklärung, Selbstkontrolle und Selbststeuerung dienen. Der Forscher ist also mitsamt seinen Methoden auf völlig andere Weise engagiert und in das Praxisfeld involviert.*

*Diese Grundtendenz, nämlich Datengewinnung mit pädagogischer Intervention zu verbinden und sich als Mitakteur selbst einzubeziehen, haben sich in den folgenden Jahren bis in die Gegenwart hinein verstärkt."* (GUDJONS 2003, S. 66)

Das Hauptmerkmal qualitativer Methoden ist der Versuch die Lebenswelten und das soziale Handeln im Alltag der verschiedenen Bereiche von Erziehung und Bildung zu untersuchen (vgl. ROTH 1991, S. 55 ff.).

*„Der Begriff qualitativ meint zum einen eine Wiederanknüpfung an hermeneutisches Verstehen und Sinnauslegung, zum andern aber eine stärkere Berücksichtigung der strengeren Maßstäbe der empirischen Methoden auf intersubjektive*

*Nachvollziehbarkeit, Prüfbarkeit und qualitatives Niveau der Aussagen."*
(GUDJONS 2003, S. 66)

Als typisch qualitative Vorgehensweisen unterscheiden HOPF/WEINGARTEN
(1984) folgende:

- Die **unstrukturierte** oder **wenig strukturierte Beobachtung** die von einem Forscher durchgeführt wird, der zugleich Teilnehmer des Forschungsgegenstandes ist. (Beispiel: der Ethnologe, der für die Zeit seiner
  Forschung mit dem Naturvolk, das von ihm erforscht wird, zusammenlebt,
  wird selbst zum Einflussfaktor innerhalb des Forschungsgegenstandes)
- Das **qualitative Interview**, (wie z.B. das narrative (erzählende) Interview,
  das sich in drei Phasen gliedert, oder das Experteninterview) auf das in
  den folgenden Punkten im Rahmen der Arbeit noch konkreter eingegangen
  wird.
- Die **Analyse von Dokumenten** aller Art, wie z.B. die **qualitative In-
  haltsanalyse**, die ebenfalls in dieser Arbeit umfangreich zur Anwendung
  kam und in den folgenden Punkten näher erläutert werden wird.
- Die **Lebensweltanalyse** zur Ausarbeitung von Interaktionsmustern, Sta-
  tuspassagen, von Legitimations- und Deutungsmustern.
- Das **psychoanalytisch ausgerichtete Tiefeninterview** das in der Praxis
  genutzt wird um psychologische Phänomene wie z. B. unbewusste
  Angstreaktionen transparent zu machen und quantitativen Auswertungs-
  möglichkeiten zu erschließen.

Folgende grundlegende Merkmale qualitativer Methoden fasst GUDJONS zusammen:

*„ 1.    soziale Tatsachen als „Lebenswelt" liegen nicht „objektiv" vor, sondern
konstituieren und konstruieren sich wesentlich erst in Verständigungsprozessen —
den archimedischen Punkt, von dem aus man die Wirklichkeit objektiv distanziert
analysieren kann, gibt es nicht.*

*2.    Zentral ist nicht die Sicht des Forschers, sondern die Weltdeutung der Er-
forschten. Deshalb müssen die verwendeten Techniken gewährleisten, dass*

*der „Beforschte" seine eigenen Akzentsetzungen vornehmen und seine Deu-*
*tung der Ereignisse entwickeln kann. Ein solches Verstehen ist Erkenntnis-*
*prinzip.*

3. *Ein Forschungsprozess ist deshalb prinzipiell offen, auch die Fragestellung*
   *kann sich im Laufe der Forschung ändern. Wesentlich sind darum offene*
   *Forschungsverfahren; diese Offenheit bezieht sich sowohl auf herkömmliche*
   *empirische Techniken als auch auf interpretative Verstehensansätze und*
   *auch auf die Entwicklung alternativer Methoden, z. B. der „Heuristik": Fin-*
   *de-techniken und kreative Problemlösungsstrategien, im Gegensatz zum „Al-*
   *gorithmus" im Sinne einer festen Abfolge von Lösungsschritten, die den Er-*
   *folg „garantieren" (Kleining 1994). Das entschiedenste Programm haben*
   *dazu Glaser und Strauss in der „Grounded Theory" ausgearbeitet, bei der*
   *sich die „Theorie" erst im Zuge der flexiblen Erweiterung der Datengewin-*
   *nung (ohne vorheriges Literaturstudium!) ergibt („grounded") (nach Hoff-*
   *mann/Riem 1980, 346).*

4. *Und schließlich ist der Forscher als „social agent" immer in das Feld und*
   *die Interaktion involviert. Forschung ist ein sozialer, ein interaktiver Prozess*
   *(und sei es nur das leichte Stirnrunzeln des Interviewers, das den Erzählen-*
   *den unbewusst beeinflusst), ganz abgesehen von Persönlichkeitsanteilen des*
   *Forschers, z.B. seinen unbewussten , Ängsten, denen er bei der Formulie-*
   *rung von Fragen und in der Begegnung mit Menschen und Situationen nie-*
   *mals entgeht (Devereux 1984)."* (GUDJONS, 2003, S. 68)

In wissenschaftlichen Analysen erlauben dementsprechend die qualitativen Verfahren die Verknüpfung unterschiedlichster Methoden zu zweckmäßigen „clus-
tern", die nicht mehr nach den herkömmlichen Mustern wie z. B. Befragung, Beobachtung, Test etc., sondern zu komplexen Forschungsansätzen oder auch „De-
signs" gebildet werden.

*„Erziehungswissenschaft ist angewiesen auf eine Fülle unterschiedlicher For-*
*schungsmethoden; methodisches Bewusstsein allerdings bedeutet Aufgeklärtheit*
*über den Zusammenhang von wissenschaftstheoretischer Ebene und methodologi-*
*schen Entscheidungen. Noch so gut gemeinte Postulate zur Kritik oder Verbesse-*
*rung der Praxis nützen nichts, wenn sie nicht intersubjektiv rekonstruierbar und*

*überzeugend begründet in ihrem Argumentationszusammenhang sind.*"
(GUDJONS 2003, S.69)

Fasst man den pädagogisch/erziehungswissenschaftlichen Geschichtsexkurs unter dem Fokus der Verknüpfung zwischen Pädagogik, Gesellschaftskritik und Ökonomisierung zusammen, zeigt sich über Jahrhunderte immer wieder eine enge Verbindung. Zur Erinnerung nur einige Schlaglichter des vorangestellten Abschnitts:

- Im 13. Jahrhundert löste das ökonomische Interesse der Kaufleute einen pädagogischen Umbruch aus.

- Der große religiöse und gesellschaftliche Reformer Martin Luther war mit Initiator der ersten Volksschul-Vorläufer und damit einer Form von Allgemeinbildung.

- Im Rahmen der Aufklärung war die Pädagogik und Erziehungswissenschaft umfänglich in die kulturelle, gesellschaftliche, politisch-administrative und ökonomische Systemumwandlung involviert.

- Mit den Philantropen und den Industrieschulen zeigt sich die direkte Verbindung von pädagogischen Schwerpunktbereichen der Bildung und Erziehung mit den unterschiedlichen ökonomischen Interessen der Epoche.

- Eine politische und gesellschaftliche Blütezeit des Einflusses erlebt die Erziehungswissenschaft in der Nachkriegszeit mit der kritischen Geisteswissenschaft.

Über Jahrhunderte war es Funktion und Aufgabe der Pädagogik / Erziehungswissenschaft theoretisch und praktisch Menschen auf das Leben in der Gemeinschaft und Gesellschaft vorzubereiten und dabei die ökonomischen und damit lebenserhaltenden Aspekte zu berücksichtigen, die menschliche Leistungsfähigkeit zu optimieren und auf unterschiedlichste Weise menschliche Ressourcen von der Mikro- bis zur Makroebene freizusetzen und zu entfalten und an die sich verändernden Rahmenbedingungen anzupassen. In diesem langen Zeitraum war die Pädagogik/Erziehungswissenschaft quasi auf der Metaebene der Beobachter ökonomischer Veränderungen. In den letzten Jahrzehnten drängte sie zunehmend in den aktiven Bereich der Ökonomisierung durch die Eröffnung neuer erziehungswissenschaftlicher Arbeitsfelder in der Organisationsentwicklung, der Managementberatung und der Personalentwicklung. Nun ist Pädagogik / Erziehungswissenschaft seit einigen Jahren selbst verstärkt in den Fokus der durch Kostendruck und leere Kassen im öffentlichen Bereich motivierten Ökonomisierungswelle des Non Profit Bereiches geraten, der mit seinem Einsparungs-, Rationalisierungs- und Optimierungsdruck auch die öffentlichen Bildungsstätten unter Reformzwang setzt.

In der Geschichte war es immer die selbstauferlegte Aufgabe der Pädagogik / Erziehungswissenschaft derart gravierende gesellschaftliche Entwicklungen zu untersuchen, zu analysieren und Lösungen oder Umgangsweisen zu entwickeln.

In dieser Tradition sieht sich die vorliegende Arbeit als konsequente Fortsetzung des erziehungswissenschaftlichen Grund- und Forschungsgedankens. Sie befasst sich mit der Darstellung der aktuellen themenbezogenen Situation in einem Arbeitsbereich der Erziehungswissenschaft, führt unterschiedliche Fachterminologien zusammen, analysiert Lösungsversuche und bietet die im Folgenden dargestellten vielschichtigen Auseinandersetzungen mit der Thematik unter Einsatz verschiedener erziehungswissenschaftlicher Methoden.

Mehr zu diesem Thema finden Sie in „Die Bedeutung der Ökonomie für die Soziale Arbeit und die Sozialpolitik" von Klaus Bäcker, ISBN: 978-3-638-67857-5
http://www.grin.com/de/e-book/73386/

# Literaturverzeichnis (inkl. weiterführender Literatur)

**Adam, H.** (1990): Kosten-Wirksamkeitsanalyse im Gesundheitswesen. In: Arbeit und Sozialpolitik, H.6/1990, S. 192-196.

**Altmann, J.** (1997): Volkswirtschaftslehre: Einführende Theorie mit praktischen Bezügen, Stuttgart.

**Anheier, H./Priller, E./Seibel, W./Zimmer, A.** (1997a): Der Dritte Sektor in Deutschland, Berlin.

**Arnold, U.** (2003): Mikro-Ebene. In: Arnold, U./Maelicke, B. (Hg.): Lehrbuch der Sozialwirtschaft, Baden-Baden, 2. Aufl., S. 193-205.

**Arnold, U.** (2000): Ökonomische Grundlagen der Produktion sozialer Dienstleistungen im Non-Profit-Bereich. In: Wilken, U. (Hg.). Soziale Arbeit zwischen Ethik und Ökonomie, Freiburg, S. 53-76.

**Arnold, U.** (1998): Besonderheiten der Dienstleistungsproduktion. In Arnold, U./Maelicke, B. (Hg.). Lehrbuch der Sozialwirtschaft, Baden-Baden, 1. Aufl., S. 257-276.

**Arnold, U.** (1998): Sozialmarketing. In Arnold, U./Maelicke, B. (Hg.). Lehrbuch der Sozialwirtschaft, Baden-Baden, 1. Aufl., S. 316-370.

**Arnold, U.** (1998a): Besonderheiten der Dienstleistungsproduktion. In: Arnold, U./Maelicke, B. (Hg.). Lehrbuch der Sozialwirtschaft, Baden-Baden, S. 257-276.

**Ast** (2000): Chancen und Grenzen des Neuen Steuerungsmodells im öffentlichen Bereich. In: Verwaltung & Management 5/2000.

**AWO Bundesverband e. V.** (Hg.) (2004): Soziale Dienste und Wettbewerb in Europa. Dokumentation eines Hearings. Schriftenreihe Theorie und Praxis, Bonn.

**Backhaus-Maul** (1996): Trägerkonkurrenz und Wirtschaftlichkeit im Sozialsektor. In: Nachrichtendienst des Deutschen Vereins für öffentliche und private Fürsorge, Jg. 76, S. 280-286.

**Badelt, C.** (1994): Kosten-Effektivitäts-Analyse zur Wirtschaftlichkeits- und Qualitätskontrolle sozialer Dienste. In: Knappe, E./Burger, S. (Hg.): Wirtschaftlichkeit und Qualitätssicherung in sozialen Diensten, Frankfurt, S. 85-107.

**Badelt, C.** (1999): Zielsetzungen und Inhalte des Handbuchs der Nonprofit Organisation. In: Handbuch der Nonprofit Organisation. Strukturen und Management, 2. überarb. u. erw. Aufl., Stuttgart, S. 517-547.

**Bader, C.** (2000): Der Prüfstand. Eine Untersuchung zur Verbreitung von Sozialmanagement-Konzepten in der Praxis freier Träger. In: Sozialmagazin, 25. Jg., H. 3/2000, S. 48-53.

**Bader, C.** (1999): Sozialmanagement. Anspruch eines Konzepts und seine Wirklichkeit in Non-Profit-Organisationen, Freiburg.

**Bader, C.** (1998): Sozialmanagement als Herausforderung. In: Socialmanagement, Nr. 5/1998, S. 17-20.

**Bäcker, G. et al** (2000): Sozialpolitik und soziale Lage in Deutschland, Bd. 2, 3. Aufl., Wiesbaden.

**Bäcker, G./Ebert, T.** (1996): Zukunft des Sozialstaates, Defizite und Reformbedarf in ausgewählten Bereichen der sozialen Sicherung, Düsseldorf.

**Bartling/Luzius** (2000): Grundzüge der Volkswirtschaftslehre, 13. Aufl., München.

**Baumert, J./Roeder, P. M.** (1990): Forschungsproduktivität und ihre institutionellen Bedingungen – Alltag erziehungswissenschaftlicher Forschung. In: Z. f. Päd. H. 1/1990, S. 173 – 196.

**Becker, M.** (2001): Prozessmanagement nach VDI/DGQ-Richtlinie 5505 und DIN ISO 9000:2000. In: Ahrens, V./Hofmann-Kamensky, M. (Hg.). Integration von Managementsystemen, München, 143-158.

**Becker, M.** (1995): Personalentwicklung. In: Corsten, H. (Hg.). Lexikon der Betriebswirtschaftslehre, 3. Aufl., München, S. 723-727.

**Bittner, G.** (1989): Pädagogik und Psychoanalyse. In: **Röhrs, H./Scheuerl, H.** (Hg.): Richtungsstreit in der Erziehungswissenschaft und pädagogische Verständigung, S. 215 – 227, Frankfurt a. M.

**Blankart, C.** (1994): Öffentliche Finanzen in der Demokratie: Eine Einführung in die Finanzwissenschaft, 2. völlig überarb. Aufl., München.

**Bleicher, K.** (1994): Normatives Management – Politik, Verfassung und Philosophie des Unternehmens, Frankfurt a. M.

**Boessenecker, K. H.** (1999): Die freie Wohlfahrtspflege auf dem Prüfstand (III). Marktorientierung in der sozialen Arbeit ohne Alternative? In: Theorie und Praxis der Sozialen Arbeit, H. 2/1999, S. 43 ff.

**Bobzien, M./Stark, W./Straus, F.** (1996): Qualitätsmanagement, Alling.

**Bogumil, J.** (2001): Modernisierung lokaler Politik. Kommunale Entscheidungsprozesse im Spannungsfeld zwischen Parteienwettbewerb, Verhandlungszwängen und Ökonomisierung, Baden-Baden.

**Bogumil, J.** (2002): Die Umgestaltung des Verhältnisses zwischen Rat und Verwaltung – das Grundproblem der Verwaltungsmodernisierung. In: Verwaltungsarchiv 1/2002, S. 129-148.

**Bogumil, J./Kuhlmann, S.** (2004): Zehn Jahre kommunale Verwaltungsmodernisierung. Ansätze einer Wirkungsanalyse. In: Jann, W. (Hg.). Status-Report Verwaltungsreform – Eine Zwischenbilanz nach 10 Jahren, Berlin, S. 51-63.

**Bortz, J./Döring, N.** (2002): Forschungsmethoden und Evaluation für Human- und Sozialwissenschaftler, 3. Aufl., Berlin.

**Bortz, J./Döring, N.** (2005): Forschungsmethoden und Evaluation für Human- und Sozialwissenschaftler, 3. überarb. Aufl., Berlin.

**Bullinger, H. J.** (1993): Lean Management. Mythos und Realität, Stuttgart.

**Burla, S.** (1989): Rationales Management in Nonprofit-Organisationen, Bern, Stuttgart.

**Burmeister, J.** (2005): Neue Steuerung im Sozialraum oder: Zur Notwendigkeit der Integration zweier gar nicht so gegensätzlicher Konzepte in der Jugendhilfe. In: Nachrichten des Deutschen Vereins 3/2005, S. 87-90.

**Bürgermeier, B.** (1994): Sozioökonomie. Für eine ethische Erweiterung der wirtschaftspolitischen Diskussion, Marburg.

**Burger, A./Burchhart, A.** (2002): Risikomanagement und Risiko-Controlling. In: CM Controller Magazin. Arbeitsergebnisse aus der Controller-Praxis. Controlling-Anwendungen im Management, 27. Jg., H. 2/2002, S. 152-157.

**Deutscher Verein für öffentliche und private Fürsorge** (Hg.) (1993): Fachlexikon der sozialen Arbeit, Stuttgart.

**Devereux, G.** (1984): Angst und Methode in den Verhaltenswissenschaften. Frankfurt.

**DIN – Deutsches Institut für Normung (Hg.)** (2000): DIN EN ISO 9001:2000 Qualitätsmanagementsysteme – Anforderungen, Berlin.

**Donabedian, A.** (1980): Explorations in Quality Assesment and Monitoring. Vol. I: The Definition of Quality and Approaches to its Assessment, Ann Arbor.

**Downs, A.** (1968): Ökonomische Theorie der Demokratie, Tübingen.

**Drescher, A.** (2001): Personalentwicklung im Reformprozess. Eine Standortbestimmung zur Personalentwicklung im öffentlichen Dienst. In: Becker, M./Schwarz, V. (Hg.). Theorie und Praxis der Personalentwicklung, München, S. 54-70.

**Ebert, W.** (1999): Die Bedeutung systemischen Denkens für die Praxis eines methodenpluralen Supervisionskonzeptes, Inauguraldissertation eingereicht an der Universität – Gesamthochschule – Essen.

**Effinger, H.** (1996): Kundenorientierung Sozialer Arbeit – Ökonomische Engführung und Erweiterung des Sozialen? In: Sozialmagazin, H. 11/1996, S. 36-46.

**Effinger, H./Luthe, D.** (1993): Sozialmärkte und Management. Herausforderungen bei der Produktion Sozialer Dienstleistungen im Intermediären Bereich.

**EFQM** (Hg.) (1999a): Das EFQM-Modell für Ecellence, Brüssel.

**EFQM** (Hg.) (1999b): Excellence einführen, Brüssel.

**Eisenreich, T./Halfar, B./Moos, G.** (2005): Steuerung sozialer Betriebe und Unternehmen mit Kennzahlen, Baden-Baden.

**Elsen, S./ Lange, D./Wallimann, I.** (2000): Soziale Arbeit und Ökonomie: politische Ökonomie; Arbeitsmärkte; Sozialpolitik; Grenzen der Ökonomisierung; soziale Ökonomie, Gemeinwesenentwicklung; Bürgergesellschaft, Neuwied.

**Engelhardt, H. D./Graf, P./Schwarz, G.** (1996): Organisationsentwicklung (Schwerpunkt Management), Alling.

**Engelke, E.** (1996): Soziale Arbeit als wissenschaftliche Disziplin. In: Puhl, R. (Hg.). Sozialarbeitswissenschaft, Weinheim, München, S. 63-82.

**Engelke, E.** (2003): Die Wissenschaft Soziale Arbeit. Werdegang und Grundlagen, Freiburg.

**Erath, P.** (1998): Ökonomisierung der Sozialarbeit. Folge von Globalisierungsprozessen? In: Göppner, H. J./Oxenknecht-Witzsch, R. (Hg.): Soziale Arbeit und Sozialwissenschaft in einem sich wandelnden Europa.

**Erler, M.** (2000): Soziale Arbeit: ein Lehr- und Arbeitsbuch zu Geschichte, Aufgaben und Theorie, 4. Aufl., München.

**Etzioni, A./Laerence, P. R.** (1991): Socio-Economics: Toward a New Synthesis, Armonk, New York.

**Evers/Olk:** Wohlfahrtspluralismus - Vom Wohlfahrtstaat zur Wohlfahrtsgesellschaft, Opladen 1996

**Finis Siegler, B.** (1997): Ökonomik Sozialer Arbeit, Freiburg i. Breisgau.

**Finis Siegler, B.** (2001): NPOs ökonomisch betrachtet. In: Münsteraner Diskussionspapiere zum Nonprofit-Sektor – Nr. 15.

**Frey, B.** (1998): Zwischen Markt- und Staatsversagen – Die Dritte-Sektor-Forschung im Überblick. In: Arnold, U./Maelick, B. (Hg.). Lehrbuch der Sozialwirtschaft, Baden-Baden.

**Gallfuß, W.** (2000): Arbeitsbericht Kennzahlen Benchmarking Controlling. Anlage 3 zum Projektschlussbericht. Titel des Pilotprojektes: Umsetzung und Auswertung betrieblicher Entwicklungsstrategien von zwei sozialwirtschaftlichen Beschäftigungs- und Erwerbsbetrieben in Abhängigkeit von kommunale Konzepten zur Beschäftigungssicherung im Dritten Sektor. Die Werkstatt GmbH, Heidelberg.

**Gehrmann, G./Müller, K. D.** (1999): Management in sozialen Organisationen: Handbuch für die Praxis Sozialer Arbeit, 3., aktualisierte Aufl., Regensburg.

**Gehrmann, H.-J. et al** (1986): Sozialpolitik und Sozialarbeit in der Verwaltung, Heidelberg.

**Giesecke, H.** (1989): Pädagogik als Beruf – Grundformen pädagogischen Handelns, 2. Aufl., Weinheim.

**Glastetter, W.** (1992): Konjunktur- und Wachstumspolitik

**Goll, E.** (1991): Die freie Wohlfahrtspflege als eigenständiger Wirtschaftsfaktor. Theorie und Empirie ihrer Verbände, Baden-Baden.

**Graf, P./Spengler, M.** (2000): Leitbild- und Konzeptentwicklung, 3. überarb. und erw. Aufl., Augsburg.

**Grenzdörffer, K./Bauer, R.** (1998): Werte-Schaffen im intermediären Bereich. In: Elsner, W. (Hg.): Ökonomie in gesellschaftlicher Verantwortung, Berlin, S. 287-314.

**Grömig, E.** (2001): Reform der Verwaltungen vor allem wegen Finanzkrise und überholter Strukturen. In: Der Städtetag 3/2000, S. 11-18.

**Gruber, U.** (2000): Grundlagen der Volkswirtschaftslehre, München.

**Gründger, F.** (1988): Das Ökonomische als Tabuzone für die Sozialarbeit? In: Gernert, W. (Hg.): Sozialarbeit auf dem Prüfstand, Freiburg.

**Grunwald, K.** (2001): Neugestaltung der Freien Wohlfahrtspflege. Management organisationalen Wandels und die Ziele der Sozialen Arbeit, Weinheim, München.

**Gudjons, H.** (2003): Pädagogisches Grundwissen: Überblick, Kompendium, Studienbuch, 8. akt. Aufl., Bad Heilbrunn.

**Habermas, J.** (1985): Die neue Unübersichtlichkeit, Frankfurt.

**Hauser, A./Neubarth, R./Obermaier, W.** (1997): Management-Praxis: Handbuch soziale Dienstleistungen, Neuwied, Kriftel, Berlin.

**Hanusch, H.** (1994): Nutzen-Kosten-Analyse, 2. überarb. Aufl., München.

**Hauer, R./Zink, K. J.** (1997): Wettbewerbsfähig durch Total Quality Management – Konzepte und Erfahrungen auf der Basis internationaler Qualitätspreise. In: Duvvri, S. A./Schäfer, T. (Hg.). Qualitätsmanagementreport der Banken, Wiesbaden, S. 35-63.

**Heckhausen, H.** (1980): Motivation und Handeln, Berlin, Heidelberg.

**Heiner, M.** (1988): Selbstevaluation in der Sozialen Arbeit, Freiburg.

**Hermsen, T.** (2000): Wohlfahrtsverbände und Sozialmanagement: Differenzierung und Verselbständigung in der sozialen Hilfe, Frankfurt.

**Hill, H.** (1997): Neue Organisationsformen in der Staats- und Kommunalverwaltung. In: Schmidt-Aßmann, E./Hoffmann-Riem, W. (Hg.). Verwaltungsorganisationsrecht als Steuerungsressource, Baden-Baden.

**Hill, H.** (1998): Potentiale und Perspektiven der Verwaltungsmodernisierung. In: Lüder, K. (Hg.). "Öffentliche Verwaltung der Zukunft", Schriftenreihe der Hochschule für Verwaltungswissenschaften Speyer, Bd. 124, Berlin.

**Hinterhuber, H. H.** (1992): Strategische Unternehmensführung: I. Strategisches Denken. 5. Aufl., Berlin.

**Hoffmann-Riem, C.** (1980): Die Sozialforschung einer interpretativen Soziologie. In: KZfSS, Jg. 32, S. 373 – 386.

**Hopf, C./Weingarten, E.** (Hg.) (1984): Qualitative Sozialforschung. 2. Aufl., Stuttgart.

**Horvath, P. & Partner** (2000): Balanced Scorecard umsetzen, Stuttgart.

**Horvath, P.** (1998): Controlling, 7. Aufl., München.

**Horvath, P.** (1996): Controlling, 6. Aufl., München.

**Hottelet, H.** (2000): Aufbau- und Ablauforganisation. In: Maelicke (Hg.). Handbuch Sozialmanagement, Baden-Baden.

**Hübl, L.** (1988): Wirtschaftskreislauf und Gesamtwirtschaftliches Rechnungswesen. In: Bender, D. u. a. (Hg.): Vahlens Kompendium der Wirtschaftstheorie und Wirtschaftspolitik, Bd. 1, 3. überarb. u. erw. Aufl., München

**Hummel, T./Malorny, C.** (1997): Total Quality Management. Tips für die Einführung, München.

**Ingenkamp, K.** (Hg.) (1972): Tests in der Schulpraxis. Weinheim.

**Kaplan, R. S./Norton, D. P.** (2001): Balanced Scorecard: Die strategiefokussierte Organisation: Führen mit der Balanced Scorecard. Übersetzt von Horvath, P. Kralj, D., Stuttgart.

**Kaplan, R. S./Norton, D. P.** (1997): Balanced Scorecard: Strategien erfolgreich umsetzen. Übersetzt von Horvath, P./Kuhn-Würfel, B./Vogelhuber, C., Stuttgart.

**Kessler, W.** (2003): Risikomanagement-System. Lust oder Last? In: CM Controller Magazin. Arbeitsergebnisse aus der Controller-Praxis. Controlling-Anwendungen im Management, 28. Jg., H. 1, S. 66-68.

**KGSt** (1993): Das neue Steuerungsmodell. Begründungen. Konturen. Umsetzungen, KGSt-Bericht Nr. 5/1993, Köln.

**KGSt** (1998): KGSt-Mitgliederbefragung 1997: Verwaltungsmodernisierung und Einsatz von Informations- und Kommunikationstechnik: Neues Steuerungsmodell und TuI-Einsatz. Bericht Nr. 10/1998, Köln.

**Kieser, A.** (1995): Organisationstheorien, 2., Aufl., Stuttgart, 1995.

**Klages, H.** (1997): Zwischenbilanz der Verwaltungsmodernisierung in Deutschland. In: Verwaltung & Management 1997, S. 132 – 138.

**Kleining, G.** (1994): Qualitativ-heuristische Forschung. Hamburg.

**Klie, Th./Maier, K./Meysen, Th.** (1999): Verwaltungswissenschaft, Freiburg.

**Kloock, J.** (1996): Betriebliches Rechnungswesen. Köln.

**Klug, W.** (2000): Sozialwirtschaftlich orientierte Umstrukturierungsprozesse in Organisationen der Wohlfahrtspflege. In: Moos, G./Zacher, J. (Hg.). Zukunft der Sozialwirtschaft. Impulse aus Theorie und Praxis, Freiburg, S. 52-67.

**König, E./Zedler, P.** (1983): Einführung in die Wissenschaftstheorie der Erziehungswissenschaft, Düsseldorf.

**Knorr, F.** (2002): Teil B: Betriebswirtschaftslehre. In: Knorr, F./Scheibe-Jaeger, A. (Hg.). Sozialökonomie. Volkswirtschaftliche und betriebswirtschaftliche Grundlagen für die soziale Arbeit, Frankfurt a. M.

**Knorren, N.** (1998): Wertorientierte Gestaltung der Unternehmensführung, Wiesbaden.

**Kolb, M.** (1992): Flexibilisierung und Individualisierung als neue personalwirtschaftliche Gestaltungsprinzipien. In: ZfP, 6. Jg., S. 37-47.

**Kosiol, E.** (1976): Organisation der Unternehmung, 2. Aufl., Wiesbaden.

**Krüger, H.-H./Rauschenbach, T.** (1994): Erziehungswissenschaft. Die Disziplin am Beginn einer neuen Epoche, Weinheim.

**Kuckartz, U.** (1994): Methoden erziehungswissenschaftlicher Forschung 2: Empirische Methoden. In: **Lenzen, D.** (Hg.): Erziehungswissenschaft, S. 543 – 567, Reinbek.

**Kühn, D.** (1999): Reform der öffentlichen Verwaltung – Das Neue Steuerungsmodell in der kommunalen Sozialverwaltung, Köln.

**Künzel-Schön, M.** (1996): Vom „Klienten" zum „Kunden"? In: Theorie und Praxis der sozialen Arbeit, H. 11/96, S. 6-14.

**Kuhlmann, S.** (2003): Benchmarking auf dem Prüfstand: Kosten, Nutzen und Wirkungen interkommunaler Leistungsvergleiche in Deutschland. In: Verwaltungsarchiv 1/2003, S. 99-126.

**Kuhn, J.** (2003): Wozu brachen wir Sozial- und Gesundheitsberichterstattung? Oder: Wie die Politik zum Glauben an die Vernunft, die Demokratie und die Öffentlichkeit kam und ihn wieder verlor. In: Nachrichten des Deutschen Vereins, 83. Jg., H. 6/2003, S. 273-275.

**Kuhn, J.** (2003): Wozu brachen wir Sozial- und Gesundheitsberichterstattung? Oder: Wie die Politik zum Glauben an die Vernunft, die Demokratie und die Öffentlichkeit kam und ihn wieder verlor. In: Nachrichten des Deutschen Vereins, 83. Jg., H. 6/2003, S. 273-275.

**Kulosa, M.** (2003): Die Steuerung wirtschaftlicher Aktivitäten von Kommunen. Eine betriebswirtschaftliche Analyse, Stuttgart.

**Kuss, A.** (2001): Marketing-Einführung. Grundlagen. Überblick. Beispiele, Wiesbaden.

**Landwehr, R./Baron, R.** (1983): Geschichte der Sozialarbeit. Hauptlinien ihrer Entwicklung im 19. und 20. Jahrhundert, Weinheim.

**Leimenstoll, D./Schübel, U. F./Zink, K. J.** (2004): Strategisches Management in Werkstätten für behinderte Menschen auf der Grundlage des Ansatzes der Balanced Scorecard. Entwicklung und Erprobung eines Verfahrens zur strategischen Steuerung von Werkstätten für behinderte Menschen, Kaiserslautern

**Lenzen, D.** (Hg.) (1989). Pädagogische Grundbegriffe, Bd. 1 und 2, Reinbek.

**Lenzen, D.** (Hg.) (1982): Enzyklopädie Erziehungswissenschaft, Bd. 12, Stuttgart.

**Lienert, G. A.** (1969): Testaufbau und Testanalyse. 3. Aufl., Weinheim.

**Lührmann, M.** (1998): Frische Luft für Los Angeles: die Einführung von Umweltzertifikaten. In: Börsch-Supan, A./Schnabel, R. (Hg.). Volkswirtschaft in fünfzehn Fällen: Studien in angewandter Mikro- und Makroökonomie, Wiesbaden, S. 175-194.

**Lüssi, P.** (1995): Systemische Sozialarbeit. Praktisches Lehrbuch der Sozialberatung, 3. erg. Aufl., Bern.

**Maleri, R.** (1994): Grundlagen der Dienstleistungsökonomie. 3. vollst. überarb. u. erw. Aufl., Berlin.

**Meffert, H./Bruhn, M.** (2003): Dienstleistungsmarketing. Grundlagen Konzepte – Methoden. Mit Fallstudien, 4. vollst. überarb. u. erw. Aufl., Wiesbaden.

**Meyer, D.** (1999): Wettbewerbliche Neuorientierung der Freien Wohlfahrtspflege, Berlin.

**Meyer, W.** (1998): Jugendhilfeplanung und DV-gestützte Berichterstattung in der Erziehungshilfe. In: Reis, C./Schulze-Böing, M. (Hg.). Planung und Produktion sozialer Dienstleistungen: die Herausforderung „neuer Steuerungsmodelle", Berlin, S. 167-185.

**Merten, R.** (1998): Sozialarbeit – Sozialpädagogik – Soziale Arbeit. Begriffsbestimmungen in einem unübersichtlichen Feld, Freiburg.

**Merton, R.** (1996): Wissenschaftstheoretische Dimensionen der Diskussion um Sozialarbeitswissenschaft. In: **Merton, H./Sommerfeld, P./Koditek, T.** (Hg.). Sozialarbeitswissenschaft – Kontroversen und Perspektiven, Berlin, S. 55-92

**Moos, G.** (2000): Holdingstruktur als Mittel zur Synergiesteuerung. In: Moos, G./Zacher, J. (Hg.). Zukunft der Sozialwirtschaft, Impulse aus Theorie und Praxis, Freiburg, S. 112-122.

**Möller, M.** (1997): Das "Neue Steuerungsmodell" Konsequenzen für die soziale Arbeit. In: Zeitschrift für Sozialreform 1997, S. 685-703.

**Mühlum, A.** (2001): Sozialarbeit und Sozialpädagogik. Ein Vergleich, Frankfurt a. M.

**Mühlum, A.** (2000): Jenseits von Fürsorge von Markt – Über ökonomische Sozialarbeit und soziale Ökonomie. In: Wilken, U. (Hg.). Soziale Arbeit zwischen Ethik und Ökonomie, Freiburg, S. 99-118.

**Mühlum, A.** (1994): Zur Notwendigkeit und Programmatik einer Sozialarbeitswissenschaft. In: Wendt, W. R. (Hg.). Sozial und wissenschaftlich arbeiten und Positionen der Sozialarbeitswissenschaft, Freiburg, S. 41-74..

**Müller, S./Olk, T./Otto, H. U.** (1981): Sozialarbeit als soziale Kommunalpolitik. Ansätze zur aktiven Gestaltung kommunaler Lebensbedingungen. In: Neue Praxis, Sonderheft 6, Bielefeld.

**Musgrave, R. A.** (1994): Die öffentlichen Finanzen in Theorie und Praxis, Tübingen.

**Naschold, F./Bogumil, J.** (2000): Modernisierung des Staates. New Public Management in deutscher und internationaler Perspektive, 2. Aufl., Opladen.

**Nauerth, M.** (2004): Soziale Arbeit unter dem Einfluss neuer Steuerungen – ein Forschungsbericht. In: Theorie und Praxis der Sozialen Arbeit Nr. 1/2004, S. 42-49.

**Neubauer, G./Schallermaier, C.** (2000): EU: Neue Herausforderungen für den Sozial- und Gesundheitssektor. In: Moos, G./Zacher, J. (Hg.). Zukunft der Sozialwirtschaft. Impulse aus Theorie und Praxis, Freiburg, S. 10-31.

**Normann, R.** (1987): Dienstleistungsunternehmen, Hamburg.

**Olfert, K./Rahn, H.** (1999): Einführung in die Betriebswirtschaftslehre. 5., überarb. u. akt. Aufl., Ludwigshafen.

**Olk, Th.** (2001): Träger der Sozialen Arbeit. In: Otto, H. U./Thiersch, H. (Hg.): Handbuch Sozialarbeit/Sozialpädagogik, Neuwied, S. 1910-1925.

**Otting, O.** (1997): Verwaltungsreform in den Kommunen – Das "Neue Steuerungsmodell". In: Juristische Arbeitsblätter 1997, S. 237 - 240.

**Ottnad, A./Wahl, S./Miegel, M.** (2000): Zwischen Markt und Mildtätigkeit. Die Bedeutung der freien Wohlfahrtspflege für Gesellschaft, Wirtschaft und Beschäftigung, München.

**Otto, H.-U./Utermann, K.** (1971): Sozialarbeit als Beruf. Auf dem Weg zur Professionalisierung? München.

**Palandt, S.** (2004): Verwaltungsreformen, Rationalisierung und Rationalität. In: Der Öffentliche Dienst. Personalmanagement und Recht, 57. Jg. Nr. 7/8 2005, S.145-149.

**Palandt, S.** (2000): Zur Notwendigkeit einer Strategieentwicklung im Reformprozess, Verwaltung & Management 3/2000, S. 23 ff

**Paul, J.** (2002): 10 Jahre Balanced Scorecard: Was haben wir gelernt? In: Controller Magazin, H. 1/2002, S. 51-59.

**Pelizzari, A.** (2001): Die Ökonomisierung des Politischen, Konstanz.

**Peemöller, V. H.** (2002): Controlling. Grundlagen und Einsatzgebiete, 4. Aufl., Herne.

**Pfaffenberger, H.** (2004): Entwicklung der Sozialarbeit/Sozialpädagogik zur Profession und zur wissenschaftlichen und hochschulischen Disziplin. In: Mühlum, A.(Hg.). Sozialarbeitswissenschaft. Wissenschaft der Sozialen Arbeit, Freiburg.

**Pfläging, N.** (2003): Fundamente des Beyond Budgeting – Controller als Akteure bei der Realisierung eines integrierten Modells zur Unternehmenssteuerung. In: Controller-Magazin, Jg. 28, H. 2/2003, S. 188-197.

**Pfläging, N.** (2003a): Beyond Budgeting – Better Budgeting – Ohne feste Budgets zielorientiert führen und erfolgreich steuern, München.

**Priller, E./Zimmer, A.** (2000): Der Dritte Sektor in Deutschland: Wachstum und Wandel, Berlin.

**Pruss, K. D.** (2001): Stärkung der pädagogischen Arbeit durch Controlling. In: Schubert, H. (Hg.): Sozialmanagement. Zwischen Wirtschaftlichkeit und fachlichen Zielen, Opladen, S. 103-114.

**Puch, H.-J.** (2001): Der Sozialmarkt in Deutschland. Die wirtschaftliche und gesellschaftliche Bedeutung sozialer Dienste steigt. In: Blätter der Wohlfahrtspflege, H. 5+6/2001, S. 104-106.

**Puch, H.-J.** (2000): Soziale Arbeit im Aufbruch: Auf dem Weg zu einer neuen Professionalität? In: König, J./Oerthel, Ch./Puch, H.-J. (Hg.). Qualitätsmanagement und Informationstechnologie im Sozialmarkt, Stamberg, S. 51-65.

**Puch, H.-J./Westermeyer, K.** (1999): Managementkonzepte. Eine Einführung für soziale Berufe, Freiburg.

**Puhl, R. et al** (1996): Keine Profession ohne Gegenstand. Was ist die Soziale Arbeit? In: Puhl, R. (Hg.). Sozialarbeitswissenschaft. München, S. 167-186.

**Reichmann, T.** (1997): Controlling mit Kenzahlen und Managementberichten, 5. Aufl., München.

**Reis, C./Schulze-Böing, M.** (1998): Planung und Produktion sozialer Dienstleistungen. Die Herausforderung "neuer Steuerungsmodelle", Berlin.

**Rickards, R. C.** (1997): Schwierigkeiten bei der Realisierung der kommunalen Verwaltungsreform. In: Der Gemeindehaushalt 8/1997, S. 181-187.

**Rittelmeyer, C./Parmentier, M.** (2001): Einführung in die pädagogische Hermeneutik, Darmstadt.

**Rosenbaum Nagy Unternehmensberatung** (Hg.): Strategische und operative Steuerung von Non-Profit-Organisationen. Unter URL http://www.rnu-koeln.de/pdf/Vortraege.

**Roth, L.** (Hg.) (2001): Pädagogik. 2. Aufl., München.

**Roth, H.** (1962): Die realistische Wendung in der pädagogischen Forschung. In: Neue Sammlung H. 2, S. 481 ff.

**Schädler, J./Rohrmann, A./McGovern, K.** (2000): Kontraktmanagement in der Behindertenhilfe. Bedingungen für mehr Konsumentenmacht. In: Boeßenecker, K.-H./Trube, A./Wohlfahrt, N. (Hg.). Privatisierung im Sozialsektor. Verlaufsformen und Probleme der Ausgliederung sozialer Dienste, Münster, S. 243-259.

**Scheibe-Jaeger, A.** (2002): Teil A: Volkswirtschaftslehre. In: Knorr, F./Scheibe-Jaeger, A. (Hg.). Sozialökonomie. Volkswirtschaftliche und betriebswirtschaftliche Grundlagen für die soziale Arbeit, Frankfurt am Main.

**Scherr, A.** (2001): Über einige Probleme professionellen Handelns. In: Sozialextra, H. 4/2001, S. 24-31.

**Schierenbeck, H.** (1999): Grundzüge der Betriebswirtschaftslehre, 14. unwes. veränd. Aufl., München.

**Schön, D./Wehrmann, S.** (2002): Controlling in Einrichtungen des Sozialwesens. In: Controlling, H. 7/2002, S. 395-401.

**Schröder, J./Kettiger, D.** (2001): Wirkungsorientierte Steuerung in der sozialen Arbeit. Ergebnisse einer internationalen Recherche in den USA, den Niederlanden und der Schweiz, Stuttgart.

**Schröer, H.** (2005): Fit für die Zukunft – Kommunale Sozialpolitik im Wandel. In: Nachrichten des Deutschen Vereins, H. 3/2005, S. 97-102.

**Schubert, H.** (2003): Was heißt eigentlich „Management"? Einführung in Grundlagen des Sozialmanagements. Zielvereinbarungen und Kontraktmanagement.

**Schulz, V.** (2000): Nichtmaterielle Anreize als Instrument der Unternehmensführung: Gestaltungsansätze und Wirkungen, Wiesbaden.

**Schulz-Nieswandt, F.** (1993): Zur Theorie der Wohlfahrtspolitik. Teil 1, Weiden, Regensburg.

**Schuster, F.** (2003): Das Neue Steuerungsmodell – Chance für die Kommunalpolitik?, Opladen.

**Schwarz, P./Purtschert, R./Giroud, C./Schauer, R.** (2002): Das Freiburger Management-Modell für Non-Profit-Organisationen, 4. weitgehend aktual. u. erg. Aufl., Bern.

**Schwarz, G.** (2001): Sozialmanagement, 4. überarb. und erw. Aufl., Alling.

**Schwarz, G.** (1993): Profil und Professionalität: Praxis der Sozialarbeit im Umbruch, München.

**Schwarz, P.** (1992): Management in Nonprofit-Organisationen, Bern.

**Scheuch, F.** (1999): Gemeinnützigkeit oder Gewinnstreben? Nonprofit Organisationen aus betriebswirtschaftlicher Sicht. In: Badelt, C. (Hg.): Handbuch der Nonprofit Organisation. Strukturen und Management, 2. überarb. und erw. Aufl., Stuttgart, S. 85-96.

**Seeh, H.** (2004): Bestandsaufnahme und Weiterentwicklung der Solidardienste. In: AWO Bundesverband e. V. (Hg.). Soziale Dienste und Wettbewerb in Europa. Dokumentation eines Hearings, Bonn, S. 15-22.

**Seffen, A.** (1995): Umbau des Sozialstaates unter Sparzwang. Aus Politik und Zeitgeschichte, Bd. 25-26, S. 26-33.

**Seibel, W. (1994):** Funktionaler Dilletantismus. Erfolgreich scheiternde Organisationen im „Dritten Sektor" zwischen Markt und Staat, Baden-Baden.

**Speck, O.** (1999): Marktgesteuerte Qualität – eine neue Sozialphilosophie? In: Peterander, F./Speck, O. (Hg.). Qualitätsmanagement in sozialen Einrichtungen, München, S. 15-30.

**Spiegelhalter, F.** (1999): Die sozialwirtschaftliche Bilanz der Freien Wohlfahrtspflege, Köln.

**Staehle, W. H.** (1987): Management, München.

**Strachwitz, R. Graf** (1996): Aktuelle Strukturfragen von Not-for-Profit-Organisationen. In: Hauser, A./Neubarth, R./Obermair, W. (Hg.). Management-Praxis. Handbuch Soziale Dienstleistungen, S. 19-40.

**Staiber, H/Kuhn, U.** (2000): Stiftung Liebenau: Mehr Menschlichkeit durch Soziales Unternehmertum. In: Moos, G./Zacher, J. (Hg.): Zukunft der Sozialwirtschaft. Impulse aus Theorie und Praxis, Freiburg im Breisgau.

**Staub-Bernasconi, S.** (1995): Das fachliche Selbstverständnis Sozialer Arbeit – Wege aus der Bescheidenheit. In: Wendt, W. R. (Hg.). Soziale Arbeit im Wandel ihres Selbstverständnisses, Freiburg, S. 57 ff.

**Steinhoff, G.** (1995): Professionalität in der Sozialarbeit. Zur historischen Entwicklung von Berufsbild und Methoden. In: Sozialmagazin, H. 7/1995.

**Stichweh, R.** (1994): Professionalisierung, Ausdifferenzierung von Funktionssystemen, Inklusion. In: Stichweh, R. (Hg.): Wissenschaft, Universität, Professionen. Soziologische Analysen. Frankfurt, S. 362-378.

**Stoll, B.** (2003): Balanced Scorecard für soziale Organisationen – Qualität und Management durch strategisches Steuern, Berlin.

**Stolle, F.** (2003): Risikomanagement. Praktische Durchführung und Integration in Controlling und Unternehmensplanung. In: CM Controller Magazin. Arbeitsergebnisse aus der Controller-Praxis. Controlling-Anwendungen im Management, Jg. 28, H. 1/2003, S. 69-72.

**Teichert, V.** (1993): Das informelle Wirtschaftssystem – Analyse und Perspektiven von Erwerbs- und Eigenarbeit. Opladen.

**Terhart, E.** (1987): Verstehen in erzieherischen Prozessen. Pädagogische Traditionen und systemtheoretische Rekonstruktionen. In: **Oelkers, J./Tenorth, H.-E.** (hg.): Pädagogik, Erziehungswissenschaft und Systemtheorie. Weinheim, S. 259-284.

**Thiersch, H.** (1999): Staat – Eine Skizze. In: rundbrief gilde soziale arbeit – GiSA, H. 2/1999, S. 43-53.

**Thom, N./Ritz, A.** (2000): Public Management, Wiesbaden.

**Tippelt, H.** (1998): Controlling als Steuerungsinstrument in der Sozialverwaltung. In: Reis, C./Schulze-Böing, M. (Hg.). Planung und Produktion sozialer Dienstleistungen: die Herausforderung „neuer Steuerungsmodelle", Berlin, S. 105-132.

**Trube, A.** (2001): Organisation der örtlichen Sozialverwaltung und Neue Steuerung. Grundlagen und Reformansätze. Ein Hand- und Arbeitsbuch, Frankfurt a. Main.

**Trube, A.** (1995): Fiskalische und soziale Kosten-Nutzen-Analyse örtlicher Beschäftigungsförderung. Eine exemplarische Untersuchung. In: Institut für Arbeitsmarkt- und Berufsforschung (Hg.). Beiträge zur Arbeitsmarkt- und Berufsforschung 189, Nürnberg.

**Volz, F.-R.** (2000): Professionelle Ethik in der Sozialen Arbeit zwischen Ökonomisierung und Moralisierung. In: Wilken, U. (Hg.). Soziale Arbeit zwischen Ethik und Ökonomie, Freiburg, S. 207-222.

**Vomberg. E./Reinhartz, W./Maaßen-Pyritz, M.** (2004): Qualitätsmanagement in Beschäftigungs- und Qualifizierungsgesellschaften. Ein wirkungsvolles Mittel zur Förderung der Beschäftigungsfähigkeit? Ergebnisse einer qualitativen Studie in Wohlfahrtsorganisationen. In: Trube, A. (Hg.). Zweiter Arbeitsmarkt, Universität Siegen, Bd. 8, Münster.

**Wassermann, M.** (1994): "Lean Production" – Strategien und Kompetenzen zeitgemäßer Personal- und Organisationsentwicklung, München.

**Weber, J./Schäffer, U.** (2000): Balanced Scorecard & Controlling, 3. Aufl., Wiesbaden.

**Weber, J.** (2002): Einführung in das Controlling, 9. Aufl., Stuttgart.

**Wehaus, R.** (2000): Qualitätsmanagement. In: Maelicke, B. (Hg.). Handbuch Sozialmanagement, Baden-Baden.

**Welge, M. K./Al-Laham, A.** (1992): Planung: Prozesse – Strategien – Maßnahmen, Wiesbaden.

**Wendt, W. R.** (2000): Bewirtschaftung des Sozialen in Humandiensten. In: Elsen, S./Lange, D./Wallimann, I. (Hg.): Soziale Arbeit und Ökonomie: politische Ökonomie; Arbeitsmärkte; Sozialpolitik; Grenzen der Ökonomisierung; soziale Ökonomie; Gemeinwesenentwicklung; Bürgergesellschaft, Neuwied, S. 59-72.

**Wendt, W. R.** (1998): Wirtschaften müssen wir allemal. Ökonomie ist kein Gegner – Soziale Arbeit hat sie nötig. In: Blätter der Wohlfahrtspflege, H. 11+12/1998, S. 221-225

**Wendt, W. R.** (1982): Ökologie und soziale Arbeit, Stuttgart.

**Wieschollek, R. W.** (2000): Strategische Unternehmensentwicklung ist gefordert. In: Maelicke, B. (Hg.). Veränderungsmanagement in der Sozialwirtschaft, Baden-Baden, S. 49-65.

**Wilken, U.** (2000): Soziale Arbeit zwischen Ethik und Ökonomie, Freiburg.

**Witt, J./Witt, T.**: Der kontinuierliche Verbesserungsprozess (KVP): Konzept - System - Maßnahme. Arbeitshefte Führungspsychologie.

**Wöhe, G.** (2000): Einführung in die Allgemeine Betriebswirtschaftslehre. 19. überarb. u. erw. Aufl., München.

**Wohlfahrt, N.** (2003): Bürgerliches Engagement, Freie Wohlfahrtspflege und Aktivierender Sozialstaat. Inszenierter Sozialstaatsumbau oder Stärkung des sozialen Kapitals? In: Soziale Arbeit, H. 10/2003, S. 362-369.

**Wolter, O.** (2002): TQM Scorecard: Die Balanced Scorecard in TQM-geführten Unternehmen umsetzen, 2. Aufl., München.

**Wulf, C.** (1983): Theorien und Konzepte der Erziehungswissenschaft. München, 3. Aufl.

**Wulf, C.** (1983): Theorien und Konzepte der Erziehungswissenschaft. München.

**Zimmer, A.** (2000): Einleitung. In: Zimmer, S./Priller, E. (Hg.). Der deutsche Nonprofit-Sektor im gesellschaftlichen Wandel. Zu ausgewählten Ergebnissen der deutschen Teilstudie des international vergleichenden Johns Hopkins Projektes, Münster, S. 3-14.

**Zimmer, A./Nährlich, S.** (1998): Zur volkswirtschaftlichen Bedeutung der Sozialwirtschaft. In Arnold, U./Maelicke, B. (Hg.). Lehrbuch der Sozialwirtschaft, Baden-Baden, 1. Aufl., S. 64-79.

**Zink, K. J.** (1998): Bewertung ganzheitlicher Unternehmensführung, München.

**Zollondz, H.-D.** (2002): Grundlagen Qualitätsmanagement. Einführung in Geschichte, Begriffe, Systeme und Konzepte, München.